Kohlhammer

KinderStärken
Herausgegeben von Petra Büker
Band 3

Die Reihe im Überblick

Band 1: Petra Büker (Hrsg.): Kinderstärken – Kinder stärken. Erziehung und Bildung ressourcenorientiert gestalten.
Band 2: Petra Völkel: Entwicklung, Lernen und Förderung der Jüngsten.
Band 3: Renate Niesel & Wilfried Griebel: Übergänge ressourcenorientiert gestalten: Von der Familie in die KiTa.
Band 4: Dagmar Kasüschke: Kinderstärkende Pädagogik und Didaktik in der KiTa
Band 5: Melanie Eckerth & Petra Hanke: Übergänge ressourcenorientiert gestalten: Von der KiTa in die Grundschule.
Band 6: Susanne Miller & Katrin Velten: Kinderstärkende Pädagogik in der Grundschule
Band 7: Julia Höke, Agnes Kordulla & Petra Büker: Bildungsdokumentation stärkenorientiert gestalten.
Band 8: Birgit Hüpping & Petra Büker: Kulturelle Vielfalt. Kinderstärkende Pädagogik
Band 9: Charlotte Röhner & Kathrin König: Kinder stärken in Sprache(n) und Kommunikation
Band 10: Katja Koch: Übergänge ressourcenorientiert gestalten: Von der Grundschule in die weiterführende Schule

Renate Niesel,
Wilfried Griebel

Übergänge ressourcenorientiert gestalten: Von der Familie in die Kindertagesbetreuung

Verlag W. Kohlhammer

Dieses Werk einschließlich aller seiner Teile ist urheberrechtlich geschützt. Jede Verwendung außerhalb der engen Grenzen des Urheberrechts ist ohne Zustimmung des Verlags unzulässig und strafbar. Das gilt insbesondere für Vervielfältigungen, Übersetzungen, Mikroverfilmungen und für die Einspeicherung und Verarbeitung in elektronischen Systemen.

1. Auflage 2015

Alle Rechte vorbehalten
© W. Kohlhammer GmbH, Stuttgart
Gesamtherstellung: W. Kohlhammer GmbH, Stuttgart

Print:
ISBN 978-3-17-024341-5

E-Book-Formate:
pdf: ISBN 978-3-17-024342-2
epub: ISBN 978-3-17-024343-9
mobi: ISBN 978-3-17-024344-6

Für den Inhalt abgedruckter oder verlinkter Websites ist ausschließlich der jeweilige Betreiber verantwortlich. Die W. Kohlhammer GmbH hat keinen Einfluss auf die verknüpften Seiten und übernimmt hierfür keinerlei Haftung.

Vorwort der Herausgeberin

Das Kind als Gestalter und als kompetenter Akteur seiner Lebens- und Bildungsbiografie: Diese im Sozial-Konstruktivismus verankerte Sicht auf das Kind steht aktuell im Fokus pädagogischer, psychologischer und soziologischer Diskurse sowie in Bildungsplänen für Kinder im Elementar- und Grundschulbereich. Kinder verfügen für die Gestaltung ihrer pluralen, komplexen Lebenswelten über enorme Stärken, die es durch Familie, Peers sowie pädagogische Fach- und Lehrkräfte als kompetente Mit-Akteure zu erkennen und zu stärken gilt: Diese Grundidee wird in der neuen Fachbuch-Reihe KinderStärken aufgegriffen und entlang der Lebensspanne von der Geburt bis zum Übergang in die weiterführende Schule in zehn Bänden kritisch und differenziert beleuchtet. Ein interdisziplinäres Autorenteam, bestehend aus Expertinnen und Experten aus dem Bereich der Früh-, Elementar- und Grundschulpädagogik sowie der Entwicklungspsychologie, widmet sich in jeweils einem Band ausführlich einer spezifischen Lebensspanne, wissenschaftlich fundiert und nah an der pädagogischen Praxis.

Der vorliegende dritte Band der Reihe thematisiert den Übergang von der Familie in die Kindertageeinrichtung, der als gesellschaftlich initiierte Entwicklungsaufgabe Kinder, Eltern und pädagogische Fachkräfte vor besondere Herausforderungen stellt. Renate Niesel und Wilfried Griebel verfügen über langjährige Erfahrungen in der wissenschaftlichen und praktischen Beschäftigung mit der Übergangsthematik in der Frühpädagogik. Der von ihnen entwickelte ökosystemische Transitionsansatz setzt nicht allein auf die Kompetenz des Kindes, sondern zugleich auf die Kompetenz des sozialen Systems. In diesem Lichte stellt der vorliegende Band die Bedeutung der professionellen Eingewöhnung der (immer jünger werdenden) neuen KiTa-Kinder heraus, beleuchtet Möglichkeiten des pädagogischen Umgangs mit der

Heterogenität der Kinder wie auch der Familien und zeigt maßgebliche Gelingensbedingungen einer erfolgreichen, Kinder stärkenden Transition auf. Zahlreiche Reflexionsimpulse machen den Band zu einem Arbeitsbuch, welches sowohl für wissenschaftlich Interessierte als auch für pädagogische Fachkräfte und Eltern interessante, hoch aktuelle Diskussionsimpulse bereithält.

Petra Büker

Inhaltsverzeichnis

Vorwort der Herausgeberin		5

Einführung		11

1	Historische und aktuelle Entwicklungen außerfamilialer frühkindlicher Betreuung, Erziehung und Bildung	15
1.1	Bewahranstalt, Kindergarten, Bildungseinrichtung	15
1.2	Schaden oder Nutzen?	19
1.3	Langzeitfolgen öffentlicher Tagesbetreuung für die Jüngsten: die NICHD-Studie	20
1.4	Aktuelle Forschungen: Die Münchner Krippenstudie und NUBBEK	21
1.5	Eingewöhnung – ein Qualitätsmerkmal in Deutschland	27
1.6	Inklusion als Recht jeden Kindes und als Qualitätsmerkmal	28

A	Kinderstärken im Übergang von der Familie in die Tagesbetreuung	31

2	Das Bild vom Kind: Kompetenzen der Kinder in der Übergangsgestaltung	33
2.1	Das Bild vom Kind im Wandel der Jahrhunderte	35

2.2	Das Bild vom Kind heute	36
2.3	Zusammenspiel von Kompetenzen und Bedürfnissen	39
2.4	Stärken von Kindern im Übergang	42
2.4.1	Die Bewältigung von Entwicklungsaufgaben in zwei unterschiedlichen Entwicklungsumgebungen	42
2.4.2	Bindungs- und Beziehungsaufbau zu mehreren Personen	43
2.4.3	Kompetenz zur (Selbst-)Bildung durch aktive Konstruktionsleistungen	43
2.4.4	Mädchen und Jungen lernen schon früh von und mit anderen Kindern	45
3	**Ressource für Stärken des Kindes: Familie**	**48**
3.1	Jedes Kind bringt seine Familie mit	49
3.2	Anschlussfähigkeit der Bildungsprozesse in Familie und KiTa am Beispiel der Sprachentwicklung/Mehrsprachigkeit	50
3.3	Eltern in ihrer Entwicklung: Transition zur Elternschaft	53
3.4	Das Bild der Mutter eines Krippenkindes: Konstruktion der Mütter und der Fachkräfte	57
B	**Kinder stärken im Übergang von der Familie in die Tagesbetreuung**	**61**
4	**Transitionen theoriebasiert verstehen und fachlich fundiert gestalten**	**63**
4.1	Transitionen und ihre Bedeutung im Lebenslauf und in der Bildungsbiografie	65

4.2	Theoretische Grundlagen in der Anthropologie, Soziologie, Pädagogik und Psychologie	67
4.3	Aktuelle Transitionskonzepte und empirische Befunde	76

5 Der Übergang von der Familie in eine Tagesbetreuung, nicht nur mit Kindern bis drei — 80

5.1	Trennungsangst und Stresserleben	81
5.2	Der Einfluss der Bindungstheorie	82
5.3	Bindungstheoretisch oder ökopsychologisch begründet?	84
5.3.1	Die Bindungstheorie und das »Berliner Modell«	85
5.3.2	Der ökopsychologische Ansatz und das Münchner Modell	86
5.4	Die Bedeutung der Gruppe im Übergang zum Krippen- bzw. KiTa-Kind	88
5.5	Die Öffnung von KiTas für jüngere Kinder	90
5.6	Übergangsgestaltung nach Vollendung des dritten Lebensjahres	93

6 Bindungen, Beziehungen und Beziehungsnetzwerke in Kindertageseinrichtungen — 95

6.1	Die Kind-Erzieherin-Beziehung vom Kind aus gesehen	97
6.2	Die Erzieherin-Kind-Beziehung von der Erzieherin aus gesehen	98
6.3	Der »key person approach« in Großbritannien	100
6.4	Kinder unterscheiden zwischen Familien- und KiTa-Beziehungen	102
6.5	Sicherheit ist nur ein Aspekt der Beziehungsqualität	103

6.6	Kompetenzen zur Sicherung der Beziehungsqualität im Übergangsprozess	106
6.6.1	Feinfühligkeit	106
6.6.2	Professionelle Responsivität	107
6.6.3	Umgang mit Vielfalt	108

7	**Überganggestaltung nach dem IFP-Transitionsmodell – Ein Arbeitsinstrument**	**112**
7.1	Kinder und Eltern bewältigen die Transition, pädagogische Fachkräfte moderieren sie	113
7.2	Entwicklungsanforderungen auf drei Ebenen für Kinder und Eltern	115
7.3	Passung von Heterogenität der Kinder und ihrer Familien und der Übergangsgestaltung	117
7.4	Transitionsbewältigung: Nicht nur eine Kompetenz des Kindes, sondern des sozialen Systems	119
7.5	Rezeption des Transitionsmodells	122

8	**Gelungene Transitionen stärken Kinder**	**123**
8.1	Das IFP-Modell zur Einschätzung des Gelingens des Übergangs nutzen	125
8.1.1	Integration der Lebensumwelten	125
8.1.2	Auf der Beziehungsebene	126
8.1.3	Auf der individuellen Ebene	127
8.2	Die Kindertageseinrichtung als erster Abschnitt der Bildungsbiographie	129
8.3	Kinder stärken beginnt im Übergang von der Familie in eine Kindertageseinrichtung	130
8.4	Der nächste Übergang kommt bestimmt	133

Literatur	**135**

Einführung

Übergänge oder Transitionen sind Schlüsselsituationen dafür, dass ein Kind den vor ihm liegenden Lebens- und Bildungsabschnitt für seine Entwicklung möglichst optimal nutzen kann, unabhängig davon, ob es sich um eine Kinderkrippe, eine KiTa mit einer erweiterten Altersmischung oder einen Kindergarten handelt. Auch für die Übergangsgestaltung zwischen der Familie und einer Tagespflegestelle sind die Grundprinzipien der Übergangsgestaltung gültig. In jedem Fall geht es um den Aufbau neuer Beziehungen als Voraussetzung für den Erwerb neuer Kompetenzen und nicht zuletzt um den Beginn einer Bildungs- und Erziehungspartnerschaft mit den Eltern.

Wir sind davon überzeugt, dass gute pädagogische Arbeit dann gelingt, wenn sie auf einer soliden fachwissenschaftlichen Basis konzipiert wird. Dazu gehört die Kenntnis der maßgeblichen Theorien ebenso wie die Kenntnis aktueller Forschungsbefunde.

Die außerfamiliale Tagesbetreuung hatte immer schon auch eine politische Dimension. Der Blick in die Geschichte kann helfen, aktuelle Strömungen in Gesellschaft, Forschung und Praxis einzuordnen. Das gilt auch für die mit dem massiven Ausbau der Plätze für Kinder in den ersten Lebensjahren einhergehende aktuelle Diskussion und die darin aufgeworfene Frage nach der Qualität, an die die Frage nach der Übergangsgestaltung, insbesondere für die jungen Kinder, direkt anschließt. Zur Entwicklung der Prozessqualität möchten wir mit diesem Buch einen Beitrag leisten.

Gemäß der Leitidee der Buchreihe soll es darum gehen, die Perspektive auf das sich entwickelnde Kind zu erweitern. An die Stelle der Frage »Was brauchen Kinder in den ersten Lebensjahren?« im Sinne von Bedürftigkeit stellen wir die Frage »Welche Stärken bringen junge Kinder zur Bewältigung der Anforderungen dieses Übergangs mit?«. Wir stellen Kompetenzen und Ressourcen in den Mittelpunkt. Auch die jüngsten Kinder werden nicht nur als Empfänger pädagogischer Handlungen gesehen. Es wird ihnen eine aktive Rolle zugestanden. Die Familie – als wichtigste Ressource des Kindes – gilt es während des Übergangsprozesses zu verstehen und bei Bedarf zu unterstützen.

Als Kompetenzen des Kindes werden für die Übergangsgestaltung dargestellt:

- Kinder sind fähig, ihre altersabhängigen Entwicklungsaufgaben in zwei unterschiedlichen Entwicklungsumgebungen (Familie und Tageseinrichtung) zu bewältigen.
- Sie verfügen über Bindungs- und Beziehungsfähigkeiten zu verschiedenen erwachsenen Personen wie auch zu altersähnlichen und altersunterschiedlichen Kindern.
- Von Geburt an verfügen Kinder über Kompetenzen der Kommunikation, und von Geburt an beginnt die Sprachentwicklung. Unterscheiden sich Familiensprache und die Sprache im Kontext der Tagesbetreuung, ist Mehrsprachigkeit als Ressource im Übergangsprozess Aufmerksamkeit zu widmen.
- Kinder verfügen über entwicklungsabhängige Kompetenzen zur Bildung, d. h. sich ein Bild von der Welt zu machen. Kinder gestalten ihre Prozesse der Weltaneignung im sozialen Kontext aktiv mit.

Der professionelle Auftrag »Kinder stärken« wird umgesetzt, indem die Heterogenität der eintretenden Kinder und ihrer Familien berücksichtigt und eine Passung zwischen entwicklungsabhängigen Stärken und Bedürfnissen und der Gestaltung des Übergangsprozesses hergestellt wird. Erprobte Eingewöhnungsmodelle und ihre theoretischen Grundlagen werden beschrieben. Als ein Arbeitsinstrument wird das IFP-Transitionsmodell in den Mittelpunkt gestellt (Griebel & Niesel, 2013). In diesem Modell werden aktuelle Theorien und Forschungsbefunde gebündelt. Es wurde entwickelt, um die Komplexität von Übergangsprozessen besser verstehen und gezielte pädagogische Maßnahmen konzipieren zu können. Eltern werden nicht nur als unterstützende Ressourcen im Eingewöhnungsprozess ihres Kindes gesehen. Sie werden selber auch in einem Entwicklungsprozess wahrgenommen: Im Übergang von ihrer, häufig noch jungen Elternschaft mit einem Familienkind zu einer Elternschaft, die durch eine zeitweise außerfamiliale Betreuung des Kindes ergänzt wird.

Als Konsequenz wird herausgearbeitet, dass eine erfolgreiche Übergangsbewältigung nicht nur von den Kompetenzen eines Kindes abhängt, sondern durch die Kompetenz des sozialen Systems, d. h. durch das ko-konstruktive Zusammenwirken aller Beteiligten, entsteht.

Ziel soll es sein, durch die Erfahrung der gelungenen Übergangsbewältigung Kompetenzen zu stärken, positive Bildungserfahrungen einzuleiten und so letztendlich einen Beitrag zur Resilienzentwicklung von Kindern zu leisten.

In der Arbeit mit jungen Kindern und ihren Familien sind frühpädagogische Fachkräfte immer gefordert, ihren Umgang mit Gefühlen, ihre Einstellungen und Haltungen zu reflektieren und in Beziehung zu ihrer Arbeit zu setzen. Um diesen Teil der pädagogischen Arbeit zu unterstützen, haben wir in den Text kleine Reflexionsanregungen eingebaut, die an die jeweiligen Inhalte anknüpfen und im Dialog mit anderen oder auf einer persönlichen Ebene vertieft werden können.

Uns ist klar, dass die Lektüre unseres Buches den Leserinnen und Lesern an manchen Stellen durchaus eine gewisse Anstrengungsbereitschaft abverlangt – es ist ein Buch zum Weiterdenken! Wir hoffen gerade deswegen, dass Elementarpädagoginnen und Elementarpädagogen, Kleinkindpädagoginnen und Kleinkindpädagogen, Erzieherinnen und Erzieher, aber auch Aus- und Fortbildende unser Buch mit Gewinn lesen werden. Wir möchten dazu beitragen, dass Fachkräfte Übergänge sowohl beim Eintritt neuer Kinder und ihrer Familien als auch beim Abschied bzw. bei deren »Weitergabe« an den nächsten Bildungsabschnitt zu ihrer größtmöglichen beruflichen Zufriedenheit gestalten können.

Renate Niesel
Wilfried Griebel   München, im April 2015

1

Historische und aktuelle Entwicklungen außerfamilialer frühkindlicher Betreuung, Erziehung und Bildung

1.1 Bewahranstalt, Kindergarten, Bildungseinrichtung

Im 19. Jahrhundert brachte die Industrialisierung in Deutschland die Entstehung des Proletariats, die Frauen- und Kinderarbeit mit sich, und es entstanden die ersten Einrichtungen für die Betreuung von Kindern vor dem Schulalter: Kleinkinderbewahranstalten, Kleinkinderschulen und Kindergärten. In Kleinkinderbewahranstalten sollten Kinder aus Familien, die in sozialer Not lebten und von ihren Müttern, die arbeiten mussten, nicht richtig versorgt werden konnten, vor Verwahrlosung bewahrt werden. Kleinkinderschulen hatten eine christlich-missionarische Intention und waren häufig an Diakonissen- oder Ordenshäuser gebunden. Der Kindergarten, 1840 gegründet von Friedrich Fröbel (1782–1852), sollte sich nach seinen Vorstellungen an den Bedürfnissen des heranwachsenden Kindes (im Alter von 2 bis 7 Jahren) orientieren und war von Beginn an auch als eine mütterbildende, also gewissermaßen als familienergänzende Einrichtung gedacht. Die systematisch aufeinander aufbauenden Fröbel'schen Spielgaben werden noch heute hergestellt und in Kinderkrippen und Kindergärten genutzt.

Bald setzte sich die Erkenntnis durch, dass es einer Ausbildung bedarf, um junge Kinder im Rahmen einer Einrichtung zu betreuen. Fröbel hatte mit einem Ausbildungskurs für »Kinderführer« wohl zunächst an Männer gedacht, jedoch bald die Idee einer »professionellen Mutterschaft« der zunächst halbjährigen, dann einjährigen Kindergärtnerinnenausbildung zugrunde gelegt. Vorrangig bürgerliche Frauen fühlten sich von den Ideen der mütterlichen Ideale angesprochen und führten Fröbels Werk fort. Sie gründeten Kindergärten und trugen die Ideen der Fröbelschen Konzeption auch ins Ausland, und sie trugen auch dazu bei, dass der Kindergarten zu einer festen Domäne weiblicher Berufstätigkeit wurde. Auf www.kindergartenpaedagogik.de sind mehrere Beiträge von Manfred Berger zur Geschichte des Kindergartens zu finden. Berger ist auch Gründer des »Ida-Seele-Archivs«, das dem Wirken der wenig bekannten Pionierinnen der Kindergartenarbeit gewidmet ist (www.nifbe.de). Eine ausführliche Darstellung maßgeblicher elementarpädagogischer Ansätze in historischer und aktueller Perspektive findet sich auch in Band 4 der vorliegenden Buchreihe (Dagmar Kasüschke: Kinderstärkende Pädagogik und Didaktik in der KiTa).

Durch die Reformpädagogik (z. B. Maria Montessori 1870–1952) und die Frauenbewegung der 1920er Jahre entwickelten sich Kindergärten zu Institutionen, die sowohl den Bildungsauftrag als auch Betreuungsaspekte berücksichtigten, bis das nationalsozialistische Regime seine »völkischen« und rassistischen Ideologien in der Erziehung durchsetzte (Berger, 1986).

Nach dem Zweiten Weltkrieg entwickelten sich in der Bundesrepublik Deutschland (BRD) und in der Deutschen Demokratischen Republik (DDR) zwei unterschiedliche Systeme der Tagesbetreuung. In der DDR gab es einen gesetzlich garantierten Rechtsanspruch auf einen ganztägigen Platz in staatlich finanzierten Einrichtungen. Ein pädagogisches Ziel war die Heranbildung der sozialistischen Persönlichkeit. Wegen der hohen Erwerbsquote von Frauen besuchte fast jedes Kind den Kindergarten und ein großer Anteil der Kinder besuchte Kinderkrippen. Es gab auch Wochenkrippen für Säuglinge und Kleinkinder im Alter von sechs Wochen bis zu drei Jahren. Eltern mit hoher beruflicher Belastung konnten ihre Kinder dort von Montag bis Freitag abgeben.

In den westlichen Bundesländern wurden Tageseinrichtungen für Kinder zunächst weiterhin als Einrichtungen für Familien in sozialen Notlagen gesehen. Erst in den 1970er Jahren, mit Beginn der Bildungsdebatte, geriet auch der Kindergarten über Modelle der Vorschulerziehung in die öffentliche und Fachaufmerksamkeit, allerdings mit überwiegend auf die Vormittagsstunden begrenzten Halbtagsplätzen. 1996 wurde schließlich ein Rechtsanspruch auf einen Kindergartenplatz für Kinder nach Vollendung des dritten Lebensjahres festgeschrieben. Kinderkrippen blieben in Westdeutschland ein Randphänomen, während Kindergärten allmählich als schulvorbereitende und familienergänzende Tageseinrichtung selbstverständlich wurden und seit einigen Jahren als erste Stufe unseres Bildungssystems anerkannt sind. Kinderkrippen haftete jedoch vieler Orts lange der Makel des Notbehelfs an. Auch heute noch kommt es vor, dass sich Mütter, die nach der Geburt ihres Kindes bald wieder ihre Berufstätigkeit aufnehmen möchten oder müssen, mit Kritik und Vorurteilen auseinandersetzen müssen. In der Einstellung zur familienergänzenden Betreuung von Kindern bis drei Jahre gibt es in Deutschland regionale Unterschiede, zum Beispiel zwischen städtischen und ländlichen

Regionen, insbesondere aber zwischen den östlichen und westlichen Bundesländern.

> **Anregung zur Reflexion**
> Für Fachkräfte der Frühpädagogik ist es unverzichtbar, sich mit der eigenen Haltung bzw. ihrer Einstellung zu einer außerfamilialen Betreuung in den ersten Lebensjahren eines Kindes auseinanderzusetzen:
>
> - Wie wirkt die unterschiedliche Geschichte von Kindergärten und Kinderkrippen im Heute zwischen West- und Ostdeutschland in den Köpfen von pädagogischen Fachkräften und auch von Eltern nach?
> - Welches »Image« haben Kinderkrippen? Wie wirken innere Bilder? Welche Wirkung können sie entfalten, wenn sich Fachkräfte und Eltern im Gespräch begegnen?
> - Warum taucht in der Diskussion um Krippenplätze und Krippenpädagogik so häufig der Begriff »Fremdbetreuung« auf? Werden die Kinder nach einer guten Übergangsgestaltung von Fremden betreut? Auch die Formulierung »Kinder in staatliche Obhut geben« war im Rahmen der Diskussion um den Rechtsanspruch häufiger zu hören. Welche Assoziationen wecken solche Formulierungen?
> - Würden Sie Ihr eigenes einjähriges Kind den Fachkräften einer Kinderkrippe anvertrauen?
>
> Die eigene Biographie, Fachwissen und Erfahrung beeinflussen und verändern Haltungen und Einstellungen. Das Thema bleibt individuell und im Team aktuell und sollte von Zeit zu Zeit auf die Tagesordnung gesetzt werden.

1.2 Schaden oder Nutzen?

In Westdeutschland wurde die Diskussion um die außerfamiliale Betreuung von Kindern in den ersten drei Lebensjahren lange vorrangig unter den Gesichtspunkt möglicher lebenslanger Schäden für die Persönlichkeitsentwicklung geführt. Die Frage nach einem Nutzen für Kinder und Familien wurde kaum gestellt. Die in Deutschland stark verankerte Bindungsforschung (siehe Kap. 5) dürfte dazu beigetragen haben. So schrieb Bowlby (siehe Kap. 4) 1952 ein Gutachten für die Weltgesundheitsorganisation. Darin äußert er, dass sich Muttererwerbstätigkeit und Fremdbetreuung negativ auf Kinder auswirken, da die Bindung Schaden nehmen würde. Die Annahme, dass kleine Kinder nur *eine* tiefe emotionale Beziehung entwickeln, führte auch zur Vernachlässigung des Vaters als Bindungsfigur. Bowlby selber hat seine Thesen später relativiert, die Botschaften wirkten aber noch lange nach. »Die bindungstheoretische Fachdiskussion der 1950er und 1960er Jahre war durch massive Vorbehalte gegenüber der öffentlichen Kleinkinderziehung gekennzeichnet. Das zeigte sich zum Beispiel auch darin, dass die Hospitalismusstudien von René Spitz in völlig unzulässiger Weise in Analogie zur mütterlichen Erwerbstätigkeit diskutiert wurden« (Drieschner, 2011, S. 14).

Eine Folge davon ist, dass sich in Westdeutschland, von wenigen Großstädten abgesehen, keine Kultur der Kleinkindpädagogik kontinuierlich und breit gestreut entwickeln konnte. So haben die Entwicklungspsychologie und die Pädagogik für die frühen Lebensjahre in der Ausbildung und der Weiterbildung der pädagogischen Fachkräfte traditionell nur eine sehr untergeordnete Rolle gespielt. In der Praxis ist dies insbesondere in solchen Kindertageseinrichtungen zu erkennen, die sich als ehemalige Kindergärten für die Altersgruppe der Drei- bis Sechsjährigen für jüngere Kinder geöffnet haben (siehe Kap. 5.3). Das gleiche gilt für die frühpädagogische Forschung. Erst seit wenigen Jahren werden die Qualität der pädagogischen Arbeit in Kinderkrippen oder Kindertageseinrichtungen mit erweiterter Altersmischung und die Entwicklung von Kindern, die schon früh eine familienergänzende Tagesbetreuung besuchen, wissenschaftlich untersucht (siehe Kap. 1.4).

1.3 Langzeitfolgen öffentlicher Tagesbetreuung für die Jüngsten: die NICHD-Studie

In anderen Ländern Europas und in den USA ist eine öffentliche Tagesbetreuung für Säuglinge Kleinkinder und Vorschulkinder schon länger die Regel und nicht die Ausnahme (vgl. Ahnert, 2010). Aber auch dort machte man sich Gedanken über das Wohlergehen und die langfristige Entwicklung von Kindern, die schon früh nicht ausschließlich in ihrer Familie betreut wurden. Schon in den 1970er und 1980er Jahren wurden in den USA erste Forschungen durchgeführt. In den 1990er Jahren startete das Gesundheitsministerium der USA ein großes Projekt, das unter den Namen NICHD-Studie bekannt wurde (National Institute of Child Health and Human Development). Zehn Universitäten arbeiteten zusammen, Befürworter und Kritiker früher außerfamilialer Betreuung waren beteiligt. Die Forschungen wurden als Langzeitstudien angelegt, um in Kenntnis der späteren Entwicklung des Kindes die Entwicklungschancen und Entwicklungsrisiken schon in der Frühzeit herausfinden zu können. (Eine ausführliche Zusammenfassung findet sich bei Ahnert, 2010, S. 158 ff).

Knapp zusammengefasst lauten einige der Kernaussagen:

- Den größten Einfluss auf die Entwicklung des Kindes hatte, unabhängig von der Betreuungssituation, die elterliche Erziehung.
- Mit einem klaren »Nein« wurde die zentrale Frage beantwortet, ob die außerfamiliale Betreuung die Bindungssicherheit des

Kindes gefährde. Allein die Feinfühligkeit der Mutter und ihre eigene Betreuungsqualität bestimmte die Qualität der Mutter-Kind-Bindung.
- Während es bei schlechter öffentlicher Betreuung durchaus vorkam, dass der Vergleich zwischen tages- und familienbetreuten Kindern zu Ungunsten der öffentlichen Betreuung ausfiel, zeigte sich bei Kindern, die in ihren Familien keine ideale Betreuung erfuhren, dass außerfamiliale Betreuung mit ausgezeichneter Qualität kompensatorisch wirken und Defiziten in der sozialen Entwicklung vorbeugen konnte.
- Erfuhren diese Kinder jedoch auch in der außerfamilialen Betreuung eine niedrige Qualität, so wirkte sich dies zusätzlich negativ auf ihre Entwicklung aus.
- Im Alter von etwa viereinhalb Jahren wurde ein Teil der nicht ausschließlich von ihren Müttern betreuten Kinder der NICHD-Studie von ihren Kindergärtnerinnen oder Tagesmüttern als aggressiver und ungehorsamer eingeschätzt, während Mütter dieses Verhalten eher als »entschlossen« beschrieben. Die Werte lagen jedoch noch im Normbereich.
- »Positive caregiving« war in dieser Studie der wichtigste Prädiktor für eine positive kindliche Entwicklung im kognitiven und sprachlichen Bereich im Alter von drei Jahren. Mit »positive caregiving« ist gemeint: »Sensitive, encouraging, and frequent interactions between the caregiver and the child« (NICHD Early Child Care Network, 2006, S. 10).

Wenn sich die in den USA gewonnenen Ergebnisse wegen der großen Unterschiede im System der Tagesbetreuung und eines wahrscheinlich noch breiteren Qualitätsspektrums auch nicht direkt auf die Situation in Deutschland übertragen lassen, sagen die Ergebnisse jedoch eindeutig, dass die Qualität der familienergänzenden Betreuung und das Zusammenwirken von Familie und Tagesbetreuung entscheidend für die Entwicklung eines Kindes sind.

Seit dem 1.8.2013 ist der Rechtsanspruch für einen Betreuungsplatz für Kinder ab dem 2. Lebensjahr in einer Krippe, einer Kindertageseinrichtung mit erweiterter Altersmischung oder einer Tagesmutter in Kraft. Diesem Datum vorausgegangen war ein starker quantitativer Ausbau der Betreuungsplätze, der in vielen Gegenden auf nur unzureichend vorbereitetes Fachpersonal traf. Fachleute mahnten an, dass hinter der Quantität die Qualität zurückbleibe und das Wohlergehen der jungen Kinder in körperlicher, emotionaler, sozialer und nicht zuletzt geistig-kognitiver Hinsicht in Frage gestellt sei, wie z. B. die Deutsche Liga für das Kind (2008):

> »Krippen und Kindertagespflegestellen, die anerkannten Mindestanforderungen an Qualität nicht genügen, können für die dort betreuten Kinder ein erhebliches Entwicklungsrisiko darstellen. Die Anpassungsfähigkeit des Kindes kann überfordert, das Sicherheitsgefühl erschüttert und die seelische Gesundheit beeinträchtigt werden. Risiken ergeben sich insbesondere in den Fällen, in denen eine Einrichtung oder Tagespflegestelle konzeptionell, strukturell oder personell nicht ausreichend für die Altersgruppe der unter Dreijährigen ausgestattet ist. Frei gewordene Plätze in einer Kindertageseinrichtung ohne Weiteres mit Kindern unter drei Jahren aufzufüllen, ohne über die notwendigen Voraussetzungen zu verfügen, wird den Bedürfnissen der Kinder nicht gerecht und ist insofern fahrlässig.«

Der Frage nach der Qualität institutioneller, frühkindlicher Betreuung, Erziehung und Bildung sind in jüngster Zeit zwei Forschungsprojekte in Deutschland nachgegangen.

1.4 Aktuelle Forschungen: Die Münchner Krippenstudie und NUBBEK

Die Studie »Kleine Kinder – großer Anspruch 2010« wurde in 81 Einrichtungen mit Krippengruppen im Stadtgebiet München durchgeführt (Wertfein, Müller & Kofler, 2012). Die »Nationale Untersuchung zur Bildung, Betreuung und Erziehung in der Kind-

1.4 Aktuelle Forschungen: Die Münchner Krippenstudie und NUBBEK

heit (NUBBEK)« (Tietze, Becker-Stoll, Bensel, Eckhardt, Haug-Schnabel, Kalicki, et al., 2013) fand in acht Bundesländern statt. Familien mit zweijährigen Kindern bildeten einen großen Anteil der Stichprobe. Ein ausführlicher Überblick zu diesen Studien findet sich in Becker-Stoll, Niesel & Wertfein (2014). In beiden Studien wurde die pädagogische Qualität in Kinderkrippen und altersgemischten Einrichtungen für Kinder bis drei Jahre durch geschulte Beobachterinnen und Beobachter mit der Krippenskala (KRIPS-R; Tietze, Bolz, Grenner, Schlecht & Wellner, 2007) gemessen.

Die Skalen erfassen verschiedene Bereiche pädagogischer Qualität, u. a. verfügbarer Platz und Ausstattung, Betreuung und Pflege der Kinder, sprachliche und kognitive Anregungen, Bildungsaktivitäten, Interaktionen zwischen Fachkraft und Kind und zwischen Kindern, Strukturierung der pädagogischen Arbeit sowie die Zusammenarbeit von Eltern und Erzieherinnen. Die Einschätzung erfolgt im Rahmen einer mehrstündigen Beobachtung und wird durch eine mündliche Nachbefragung der zuständigen pädagogischen Fachkraft ergänzt.

Beide Studien kommen zu ähnlichen Ergebnissen: In 67 der 81 Einrichtungen (83 %) der untersuchten Münchner Krippengruppen wurde eine mittlere Qualität gemessen, d. h. die zu beurteilenden Qualitätsaspekte waren vertretbar oder ansatzweise gegeben. In den Bereich guter bis sehr guter Qualität fielen dagegen nur zwei der Einrichtungen (2,5 %); diese zeichneten sich durch entwicklungsangemessene Ausstattung und Unterstützung aus. In 12 der Krippen (15 %) wurde die Qualität insgesamt als unzureichend eingeschätzt. Dort zeigte sich durchweg eine unzureichende und den Bedürfnissen der Kinder unangemessene Betreuungssituation (z. B. aufgrund von überfordernden Erwartungen an die Selbstständigkeit der Kinder), so dass die Mindestanforderungen bei einer Reihe von Merkmalen nicht erfüllt waren.

Ein genauerer Blick auf die Stärken und Schwächen der untersuchten Einrichtungen zeigt, dass in den Bereichen, auf denen die

Aufmerksamkeit der Fachkräfte lag, gute Qualität erreicht werden konnte. In über 40% der Einrichtungen konnte eine gute Qualität in der Zusammenarbeit mit den Familien festgestellt werden. Bezüglich der Qualität der Interaktionen mit und unter den Kindern, der Beaufsichtigung und der Atmosphäre der Beziehungen sowie dem Umgang mit Konflikten, konnte der zweithöchsten Wert verzeichnet werden. Mehr als ein Drittel der Einrichtungen wies hier, ebenso wie bei dem verwandten Bereich »Zuhören und Sprechen«, eine gute Qualität auf.

Die mit Abstand geringste, d.h. unzureichende Qualität zeigte sich in den untersuchten Münchner Kinderkrippen in den Tagesroutinen, im Bereich »Betreuung und Pflege«. Dies sind Aspekte des körperlichen Wohlbefindens der Kinder, ihrer Sicherheit und Gesundheit. Dazu gehören die Begrüßung und Verabschiedung der Kinder, die Mahlzeiten und Zwischenmahlzeiten, die Ruhe- und Schlafzeiten sowie die Körperpflege (Wickeln/Toilette, Gesundheitsvorsorge/Hygiene).

In der deutschlandweiten NUBBEK-Studie zur pädagogischen Qualität in der außerfamilialen Betreuung von Kindern unter drei Jahren liegen die Daten für 117 Krippen, 128 altersgemischte Gruppen und 161 Tagespflegestellen vor. Die Qualitätsmittelwerte für Krippen, altersgemischte Einrichtungen und Tagespflegestellen liegen ebenfalls im Bereich mittlerer Qualität, allerdings mit Unterschieden zwischen den Einrichtungstypen: 87,6% der Tagespflegestellen, 87,2% der Krippengruppen und 82,0% der altersgemischten Gruppen erreichten eine mittlere Qualität. In den Bereich guter bis sehr guter Qualität fielen dagegen 5,6% der Tagespflegestellen, 6% der Krippen, aber nur 1 (0,8%) der altersgemischten Gruppen. In jeweils 6,8% der Tagespflegestellen und Krippen aber in 17,2% der altersgemischten Einrichtungen wurde die Qualität als unzureichend eingeschätzt, da grundlegende Mindestanforderungen nicht erfüllt waren, (siehe Becker-Stoll et al., 2014, S. 192 ff). Einen Überblick über Formen der institutionellen Kindertagesbetreuung gibt der 12. Kinder- und Jugendbericht des BMFSFJ (2005, S. 189ff.).

1.4 Aktuelle Forschungen: Die Münchner Krippenstudie und NUBBEK

Insgesamt zeigen die Ergebnisse der NUBBEK-Studie, dass die Qualität der außerfamilialen Betreuung überwiegend als mittelmäßig und damit akzeptabel einzustufen ist. Gute oder sehr gute Betreuungsqualität fand sich in weniger als 5% der untersuchten Betreuungssettings und bei ca. 10% wurde die Qualität als unzureichend beurteilt. Ähnlich wie die Münchner Krippenstudie sprechen auch die NUBBEK-Ergebnisse für eine vergleichsweise gute Interaktionsqualität. Ein deutlicher Qualitätsabfall zeigt sich auch in dieser Studie im Bereich Betreuung und Pflege der Kinder.

Die Ergebnisse der NUBBEK-Studie unterstreichen die Befürchtung, dass altersgemischt arbeitende Einrichtungen nicht ausreichend auf die altersspezifischen Bedürfnisse von Kindern bis drei Jahren vorbereitet und eingerichtet sind. So schneiden altersgemischte Gruppen in den Bereichen Platz und Ausstattung, Betreuung und Pflege, Interaktionen, Strukturieren der pädagogischen Arbeit sowie Zuhören und Sprechen im Hinblick auf Kinder in den ersten drei Lebensjahren signifikant schlechter ab als Krippengruppen. Allerdings geben die Ergebnisse keine Auskunft darüber, welche dieser Einrichtungen aus pädagogischer Überzeugung, fachlich und konzeptionell verankert mit einer erweiterten Altersmischung arbeiten (Griebel, Niesel, Reidelhuber & Minsel, 2004) oder ob zusätzliche Plätze im Rahmen des quantitativen Ausbaus geschaffen wurden (siehe Kap. 5.3), ohne dass das Personal fortgebildet wurde und ohne dass eine konzeptionelle Neuorientierung erfolgte.

Ähnlich wie schon die NICHD-Studie in den 1990er Jahren belegt auch die aktuelle NUBBEK-Studie, dass sprachliche und kognitive Kompetenzen und auch die soziale Kompetenz stärker von der Familie als von der KiTa beeinflusst werden. Dieser Befund spricht aber keineswegs dafür, die Bildungsarbeit in den KiTas gering zu schätzen. Die Ergebnisse sind vielmehr als Hinweis darauf zu verstehen, dass für das bestmögliche Gelingen von Erziehungs- und Bildungsprozesse in der Kindertageseinrichtung – im Sinne einer Stärkung der Kompetenzen und der Persönlichkeit eines Kindes – eine *Partnerschaft* mit den Eltern Voraussetzung ist. Erfreulicherweise weisen die Ergebnisse der Münchner Krippenstudie und der NUBBEK-Studie gerade in diesem Bereich Stärken der Kindertageseinrichtungen und damit eine gute Basis für zukünftige Entwicklungen, nach.

Die Ergebnisse beider Studien zeigen jedoch, dass der Verbesserung und Sicherung der Betreuungsqualität für Kinder in den ersten drei Lebensjahren eine höhere Priorität eingeräumt werden muss.

> **Anregung zur Reflexion**
> Ausbildung, Fortbildung und gute pädagogische Praxis sind ohne den fortlaufenden Input aus den frühpädagogischen, entwicklungspsychologischen, familienpsychologischen und anderen Forschungsgebieten nicht denkbar. Neben Grundlagenforschung, die meistens in experimentellen Settings stattfindet, werden sich zukünftig frühpädagogische Praxis und wissenschaftliche Forschung stärker berühren, als das in der Vergangenheit der Fall war:
>
> - Die Qualitätsdebatte wird wahrscheinlich zur Formulierung von Qualitätsstandards führen, die mit bereits bestehenden und neu zu entwickelnden Instrumenten in der Praxis überprüft werden.
> - Dies kann in der Praxis der KiTas durch interne wie durch externe Evaluationen erfolgen (Becker-Stoll et al., 2014, S. 26ff).
> - Die Kenntnis von und der korrekte Umgang mit forschungsbezogenen und theoriegeleiteten (Beobachtungs-)Instrumenten wird mehr als bisher erforderlich sein.
> - Studierende der Frühpädagogik werden in ihrer Ausbildung durch akademische Qualifizierungsarbeiten zu Forscherinnen und Forschern.
> - In ihrer beruflichen Tätigkeit werden sie auch zu »Beforschten« werden und so beide Seiten des Wissenschaftsbetriebes kennenlernen.

> Forschungsprojekte können weitreichende Folgen für Fachkräfte, für Kinder und Eltern in den Einrichtungen, für Träger und politische Entscheidungsgremien haben. Tauschen Sie sich über die oben dargestellten Statements und über Ihre Haltung zur elementarpädagogischen Forschung aus! Wie schätzen Sie Ihre Fähigkeit, Forschungsanliegen wertschätzend oder kritisch zu sehen, ein? Wo sehen Sie Professionalisierungs-/Fortbildungsbedarf? Wen brauchen Sie gegebenenfalls als Gesprächspartner, um sich mit ethischen Fragen und möglichen Konsequenzen von Forschung auseinanderzusetzen?

1.5 Eingewöhnung – ein Qualitätsmerkmal in Deutschland

Die in den beiden oben dargestellten Studien eingesetzte Krippenskala (KRIPS-R; Tietze et al. 2007) geht zurück auf US-amerikanische Skalen der Autoren Harms, Cryer und Clifford (z. B. 2006), für die länderspezifische Adaptionen erarbeitet wurden. Die deutsche Fassung wurde – im Unterschied zur amerikanischen – um Fragen zur Gestaltung der Eingewöhnungsphase ergänzt. Dabei wurde das Berliner Modell bzw. INFANS-Modell (siehe Kap. 5.2) als Grundlage verwendet. Der nationale Kriterienkatalog »Pädagogische Qualität in Tageseinrichtungen für Kinder« (Tietze & Viernickel, 2007) enthält unterschiedliche pädagogische Qualitätsbereiche und beschreibt gute Qualität aus verschiedenen Blickwinkeln – auch hier ist die Eingewöhnung ein zentrales Qualitätsmerkmal.

1.6 Inklusion als Recht jeden Kindes und als Qualitätsmerkmal

Kinder in Tageseinrichtungen werden bis zu ihrem dritten Geburtstag häufig pauschal als »Kinder in den ersten drei Lebensjahren«, als »Kinder unter drei« oder abgekürzt als U3-Kinder (was sich am traditionellen Kindergarteneintrittsalter orientiert und impliziert, dass etwas Normatives noch nicht erreicht wurde) oder als »Kinder von 0 – 3« (wobei sich die Frage stellt, welches Kind als »nulljährig« bezeichnet wird) zusammengefasst. Abgesehen davon, dass Fachkräfte sich überlegen sollten, welchen Terminus sie verwenden möchten, lässt sich die Zusammenfassung des Kindesalters von der Geburt bis zum dritten Lebensjahr in Veröffentlichungen – wie auch in diesem Buch – und in der mündlichen Kommunikation häufig nicht umgehen. Jedoch ist diese Altersspanne von so großen Entwicklungsunterschieden und davon abhängigen Anforderungen an die Fachkräfte gekennzeichnet wie wenige Altersabschnitte in den späteren Jahren (vgl. Völkel, 2015, in dieser Buchreihe). Damit ist der Aspekt der Heterogenität (Vielfalt) angesprochen. Die Vielfalt des Entwicklungsalters wird besonders in Einrichtungen mit einer erweiterten Altersmischung deutlich (siehe Kap. 5.3). Innerhalb einer Kindertageseinrichtung fächert sich Heterogenität weiter auf, wenn sich die Aufmerksamkeit genderspezifisch auf Mädchen und Jungen, auf religiöse und kulturelle Diversität oder auf unterschiedliche familiale Situationen und sozioökonomische Lebensbedingungen richtet. Seit einigen Jahren gibt es Bestrebungen, Konzepte der Inklusion (Booth et al. 2006) in allen pädagogischen Bereichen umzusetzen und als Qualitätsmerkmal zu entwickeln (Wagner, 2013a, b). Inklusion wird zwar häufig als Weiterentwicklung von Integration in Verbindung mit der Aufgabe diskutiert, Kinder mit Behinderung oder von Behinderung bedrohte Kinder gemeinsam mit Kindern ohne Behinderung zu betreuen, zu erziehen und zu bilden. Inklusion umfasst aber mehr. Im »Index für Inklusion« heißt es: »Bei Inklu-

1.6 Inklusion als Recht jeden Kindes und als Qualitätsmerkmal

sion geht es darum, alle Barrieren für Spiel, Lernen und Partizipation für alle Kinder auf ein Minimum zu reduzieren« (Booth et al., 2006, S. 13).

In der Heterogenität der Kindergruppen liegt eine große Herausforderung für die Fachkräfte im pädagogischen Alltag, aber besonders auch in der Übergangsgestaltung, wenn es um den Beziehungsaufbau zu Kindern und Eltern geht, der wegweisend für die gesamte Zeit des Kindes in der Tagesbetreuung sein kann. Im Abschnitt 6.5.2 wird auf Heterogenität während des Übergangsprozesses näher eingegangen.

> **Anregung zu Reflexion**
> Pädagogische Qualität ist ein komplexes Gefüge unterschiedlicher Aspekte und Einflüsse (Tietze & Viernickel, 2007). Die *Orientierungsqualität* spiegelt das Bild vom Kind, das die pädagogische Fachkraft vertritt und das in ihrer Auffassung über Bildung und Entwicklung sowie in konkreten Bildungs- und Erziehungszielen sowie Erziehungsmaßnahmen zum Ausdruck kommt. Unter *Strukturqualität* werden all jene Faktoren subsumiert, die als gegeben betrachtet werden müssen und sich mehrheitlich nur auf politischer Ebene verändern lassen. Hierzu zählen z. B. die Gruppengröße, der Erzieher-Kind-Schlüssel und die Qualifikation der pädagogischen Fachkräfte durch Aus- und Weiterbildung und die Vorbereitungszeit. *Prozessqualität im engeren Sinne* legt den Fokus auf die Interaktionen zwischen Fachkräften und Kindern.
>
> Die Abstimmung und Organisation im Team moderiert den Einfluss von Orientierungsqualität und Strukturqualität auf die eigentliche Prozessqualität, also die konkrete pädagogische Interaktion mit den Kindern.
>
> Wie wirken diese Qualitätsdimensionen im Prozess des Übergangs von der Familie in eine Tagesbetreuung?
>
> Diskutieren Sie diese Qualitätsdimensionen im Hinblick auf unterschiedliche Aspekte von Inklusion!

A

Kinderstärken im Übergang von der Familie in die Tagesbetreuung

2

Das Bild vom Kind: Kompetenzen der Kinder in der Übergangsgestaltung

Sich mit den Stärken von Kindern in den frühen Lebensjahren, vor oder nach dem dritten Geburtstag, auseinanderzusetzen bedeutet zwangsläufig, über das eigene Bild vom Kind nachzudenken: Wie ist mein Bild vom Kind entstanden und wie sieht es aus?

Ganz allgemein lässt sich sagen, dass es so etwas wie den Zeitgeist auch für den Blick auf Kindheit und die Entwicklung des einzelnen Kindes gibt, sozusagen den gesellschaftlichen Mainstream. Natürlich spielen individuelle Erfahrungen eine Rolle, die eigene Kindheitsgeschichte und Erfahrungen, die ich als Mutter oder Vater mache. Ein besonderer Aspekt kommt hinzu, wenn sich jemand mit dem Thema professionell auseinandersetzt. Dann kommen Fachwissen und Erfahrungen in der Ausbildung und im Beruf hinzu, ebenso wie der Austausch mit Kolleginnen und Kollegen. Es entsteht eine Wechselwirkung: das Bild vom Kind entwickelt, verändert sich. Sich selber als lernende Person zu sehen, beinhaltet, das Bild vom Kind von Zeit zu Zeit auf den Prüfstand zu stellen, die daraus hervorgehende Haltung zum Kind in der täglichen Arbeit zu überprüfen, was bei einer guten Zusammenarbeit im Team durchaus durch gegenseitige Beobachtungen geschehen kann. Solche regelmäßigen Reflexionen wirken auch vorbeugend oder korrigierend, um zu verhindern, dass gerade bei sehr jungen Kindern Pflegehandlungen nicht zu mechanischen, »de-personalisierten Handlungsroutinen« (Gutknecht, 2012, S. 31) werden.

Das »Bild vom Kind« als Singular ist vielleicht gar nicht zutreffend, denn jeder hat Bilder von Mädchen und Jungen, von armen und reichen Kindern, von hochbegabten und minderbegabten Kindern, von schwedischen/arabischen/russischen/deutschen Kindern im Kopf. Alle pädagogischen Zugänge, seien sie geschlechtersensibel (Niesel, 2013a; Rohrmann, 2013, siehe auch www.genderloops.eu) oder vorurteilsbewusst (Wagner, 2013b) lassen sich jedoch letztlich nur zum Wohl jedes einzelnen Kindes umsetzen, wenn sie auf einer Grundhaltung beruhen, die Kindern mit Respekt, Offenheit, Zuwendung und nicht zuletzt mit einem soliden Fachwissen begegnet.

Ein Qualitätskriterium pädagogischer Arbeit in der Kindertagesbetreuung ist die Orientierungsqualität. Der Begriff »bezieht sich auf das, was die pädagogisch Handelnden im Kopf haben: ihre pädagogischen Vorstellungen, Werte und Überzeugungen, das Bild vom Kind. Diese Faktoren lenken das pädagogische Handeln« (Tietze & Viernickel, 2007, S. 11).

2.1 Das Bild vom Kind im Wandel der Jahrhunderte

In der Geschichte der Kindheit (Ariès, 2006; deMause, 1989) ist nachzulesen, wie sich das »Bild vom Kind« in Familie und Gesellschaft durch die Jahrhunderte gewandelt hat. So galt z. B. im 16. Jahrhundert: »Sobald ein Kind ohne ständige Fürsorge seiner Mutter, Amme oder Kinderfrau leben konnte, gehörte es der Gesellschaft der Erwachsenen an. Im 18. Jahrhundert gewann das Kind als Person allmählich einen zentralen Platz in der Familie« (Ariès, 2006, S. 209). In dieser Zeit entstand das Werk von Jean-Jacques Rousseau (1712–1778), das großen Einfluss auf die Pädagogik bis ins 20. Jahrhundert hinein hatte. In »Emile oder über die Erziehung« wird die fiktive Erziehung eines Jungen beschrieben. Rousseau betont in seinem Werk zwar die Selbsttätigkeit des Zöglings, der sich vieles selbst aneigne, doch die eigentliche Kunst der Erziehung bestehe darin, Emile soweit zu beeinflussen, dass sein Wille mit dem des Erziehers übereinstimme. Viel zitiert ist der Satz: »Es gibt keine vollkommenere Unterwerfung als die, der man den Schein der Freiheit zugesteht. So bezwingt man sogar seinen Willen« (zitiert nach Musolff & Hellekamp, 2006, S. 50). Manipulierend und autoritär erscheint uns diese Pädagogik heute, jedoch erkannte Rousseau den eigenen Wert der Kindheit an und betonte das Erfahrungslernen. Er kritisierte z. B. das enge Wickeln des Säuglings, das seinen natürlichen Bewegungsdrang einenge (1. Band, Kap. 3), und äußerte zum »noch nicht oder unvollkommen sprechenden Kind«, dass man seinen Forschungstrieb nicht unterdrücken dürfe. »Die Erziehung des Menschen beginnt von dem Augenblick seiner Geburt an; bevor er noch sprechen kann, bevor sein Verständnis geweckt ist, unterrichtet er sich schon durch die Erfahrung. Letztere geht dem eigentlichen Unterrichte voraus« (1. Band, Kap 7).

Rousseau leitete das Zeitalter der großen Pädagogen und Pädagoginnen ein. Johann Heinrich Pestalozzi (1746–1827), Friedrich

Wilhelm August Fröbel (1782–1852), Maria Montessori (1870–1952) oder Loris Malaguzzi (1920–1994) sind hier zu nennen. Diese wenigen Beispiele machen deutlich, dass das in seiner Zeit als »richtig« geltende Bild immer wieder durch herausragende Denker und Forscher in Frage gestellt wurde. Allen ist gemeinsam, dass ihrer Arbeit ein Bild vom Kind zugrunde liegt, das reicher, vielfältiger und anspruchsvoller erscheint als das jeweils gesellschaftlich vorherrschende. Ihre Arbeiten haben nicht nur die professionelle Pädagogik in Kindertageseinrichtungen verändert, sondern auch Einfluss auf die Alltagspädagogik in den Elternhäusern genommen – das Bild des Kindes im Wandel.

2.2 Das Bild vom Kind heute

Die wichtigsten Beiträge zum Wandel des Bildes vom Kind in unserer Gesellschaft und ganz besonders in der Arbeit von Kindheitspädagoginnen und -pädagogen kamen und kommen aus der entwicklungspsychologischen Forschung. Lew Wygotski (1896–1934) entwickelte das Konzept der »Zone der nächsten Entwicklung« (ZNE) (siehe Kap. 4), das heute in Bildungsprogrammen zu finden ist (z. B. StMAS & IFP 2007, 2010). Jean Piaget (1986–1980) und Bärbel Inhelder (1913–1997) zeichneten mit ihren Theorien zur kognitiven Entwicklung das Bild vom sich bildenden Kind in aufeinanderfolgenden Entwicklungsabschnitten. In ihrer Forschung haben sie das Kind in erster Linie nicht als abhängiges, sondern als wissbegieriges, aktiv lernendes, kreatives Wesen gesehen und beschrieben.

Bis in die 1960er-Jahre wurden Säuglinge als weitgehend unwissend angesehen. Die moderne Säuglings- und Kleinkindforschung (siehe dazu ausführlich Völkel, 2015, in dieser Buchreihe) hat jedoch eindrucksvoll belegt, dass Kinder von Geburt an mit (Kern-)Kompetenzen, Neugier und Lernlust ausgestattet sind, die

2.2 Das Bild vom Kind heute

sie als aktive Lerner ausweisen. Die Ergebnisse neuerer Säuglingsforschung zeigen, dass sogar Piaget die kognitiven Kompetenzen von Kleinkindern noch unterschätzt hat und dass schon Säuglinge über erste mathematische und physikalische Konzepte verfügen und die Absicht von handelnden Personen erkennen können (Sodian, 2008; Sodian, Kristen & Koerber, 2010). In den letzten Jahrzehnten waren es insbesondere die modernen Methoden der Säuglingsforschung, die uns gelehrt haben, dass nicht erst die Entwicklung von Kindern »über drei«, die sich bereits sprachlich artikulieren können, als Lernprozesse beschrieben werden können, sondern dass auch Säuglinge und Kleinkinder als Forscher und Entdecker, als sich bildende Persönlichkeiten aktiv sind (Becker-Stoll et al. 2014, S. 125 ff).

Anna Tardos, Tochter von Emmi Pikler (1902–1984), beide Pionierinnen der Arbeit mit Säuglingen und Kleinkindern, betont:

> »Es ist das Bild vom Kind, das unseren Umgang mit ihm prägt ... Es macht einen gravierenden Unterschied, ob wir in einem Säugling bei seiner Geburt einen Menschen sehen, den wir als verständig und empfindsam betrachten, oder ob wir ihn als ›noch nicht fertigen Menschen‹ ansehen. Dementsprechend werden wir ihn auch behandeln. Bei der Pflege wirkt sich das meist so aus, dass wir ihn gut versorgen, dass wir ihn säubern, dass wir ihm zu essen geben, dass wir ihn warm kleiden, dass wir alle seine Grundbedürfnisse erfüllen und unsere Aufgabe tun. Was wir nicht wahrnehmen ist, dass alles, was wir mit einem Säugling tun, unvorbereitet geschieht, wenn wir ihm keine Möglichkeiten geben, sich darauf einzustellen. Und die Möglichkeit, sich darauf einzustellen, ist jene, ihn zu informieren, ihm mit Worten Orientierung zu geben, um sich auf das, was kommen wird, vorbereiten zu können. Diese Worte richten wir aber nur an ihn, wenn wir davon ausgehen, dass er sie auch versteht, dass es sozusagen Sinn macht, über diese Dinge mit ihm zu reden« (zit. nach Bogner, 2014).

Anregung zur Reflexion
Besorgen Sie sich eine Anzahl von Abbildungen mit Kindern: Postkarten, Werbematerial, Fotos. Stellen Sie fest, ob Bilder darunter sind, die auf Sie einen sympathischen Eindruck

machen, und welche, die Ihnen unangenehm erscheinen. Dieselben Bilder können auf unterschiedliche Menschen eine ganz unterschiedliche Wirkung haben. Fragen Sie sich jeweils, was diesen Eindruck bei Ihnen selbst bewirkt, also was Ihnen für die Abbildung eines Kindes angemessen und/oder was Ihnen unangemessen erscheint. Versuchen Sie daraus zu schließen, was Ihr eigenes Bild des Kindes ist!

Zwei Beispiele:

1. Eine Abbildung eines Kindes, das in einer anscheinend gestellten Aufnahme posiert. Es könnte sein, dass Ihnen das Bild unangemessen erscheint. Sie denken vielleicht, dass das Kind hier für den Zweck einer Werbung oder einer witzigen Wirkung instrumentalisiert wird. Das könnte darauf schließen lassen, dass Ihr Bild vom Kind beinhaltet, dass ein Kind selbstbestimmt sein sollte.

Dasselbe Bild macht Ihnen einen sympathischen Eindruck. Es könnte sein, dass für Sie das Spielerische und das Eingehen auf das Fotografiert-Werden im Vordergrund steht. Das könnte darauf schließen lassen, dass für Ihr Bild vom Kind das Spielen und die Offenheit für den Dialog wichtig sind.

2. Eine Abbildung eines Kindes, das in eine volkstümliche Tracht gekleidet ist. Es könnte sein, dass das Bild einen unangenehmen Eindruck auf Sie macht, weil Sie die Vorstellung eines Klischees oder eines Eingeengt-Seins stört. Das könnte darauf schließen lassen, dass Ihr Bild vom Kind Ungezwungenheit beinhaltet.

Dasselbe Bild macht einen sympathischen Eindruck auf Sie. Es könnte sein, dass in der Abbildung für Sie Selbstbewusstsein und Zugehörigkeit ausgedrückt werden, die wichtig für Ihr Bild vom Kind sind.

Tauschen Sie sich im Team/mit Mitstudierenden/mit Nichtfachleuten über Ihre Eindrücke und Gedanken aus!

2.3 Zusammenspiel von Kompetenzen und Bedürfnissen

1993 erschien das Buch »Der kompetente Säugling. Die präverbale Entwicklung des Menschen« (Dornes, 2011). Das Schlagwort vom »kompetenten Säugling« hat sich seitdem im frühpädagogischen Vokabular etabliert. Mit »kompetent« ist gemeint, dass wir uns von Anfang an einem beziehungsfähigen, initiativen, differenzierten jungen Menschen gegenüber sehen, der seine Entwicklung aktiv wählend mitgestaltet.

Drieschner (2011) sieht z. B. in der Bindungsbereitschaft und im Bindungsverhalten frühe soziale Kompetenzen. Diese drücke sich aus in der Vorliebe des Säuglings für Gesichter, die frühe Fähigkeit, in der Mimik und Gestik die Zuwendungsbereitschaft der erwachsenen Bezugsperson zu erkennen. Über die zunehmend bewusst eingesetzte Fähigkeit, selbst Interaktion zu initiieren, dabei Kommunikationstechniken wie Blickkontakt und Lächeln anzuwenden sowie Bedürfnisse zu signalisieren, werde das schützende Fürsorgesystem der Bezugspersonen aktiviert. Drieschner betont jedoch, dass die im aktuellen Diskurs über frühkindliche Entwicklung häufig hervorgehobene Kompetenz des Kleinkindes immer im Zusammenhang mit seiner existenzielle Abhängigkeit von Bezugspersonen gesehen werden muss (ebd. S. 11).

Gemeint ist nicht nur die Befriedigung der physischen Grundbedürfnisse, wie Hunger, Durst, körperliche Hygiene, Schutz vor Kälte oder Hitze. In den ersten Lebensjahren sind Kinder darauf angewiesen, dass auch ihre psychischen Grundbedürfnisse von ihrer unmittelbaren sozialen Umwelt befriedigt werden. Diese Aussage lässt sich jedoch differenzieren, denn zur Befriedigung der frühkindlichen Bedürfnisse gehört auch, Mädchen und Jungen eben nicht nur in ihrer passiven Rolle als Empfänger der versorgenden Zuwendung zu sehen. Zur Befriedigung ihrer Bedürfnisse gehört auch, ihre Kompetenzen zu erkennen und in der Interaktion mit ihnen entwicklungsentsprechend zu unterstützen. Um sich dem Kompetenzbegriff der frühen Lebensjahre zu nähern, kann man zunächst die Frage stellen: Kompetenz für was? Ein Beispiel wurde bereits genannt: das Fürsorgesystem von Erwachsenen zu aktivieren bzw. zu verstärken (vgl. dazu auch Kap. 6). Die Entwicklungspsychologen Alison Gopnik, Andrew Meltzoff und Patricia Kuhl (2006, S. 19) fassen die Ergebnisse der Säuglings- und Kleinkindforschung so zusammen:

»Es hat sich herausgestellt, dass die Fähigkeiten, die es uns ermöglichen, etwas über die Welt und uns selbst zu lernen, ihren Ursprung im Säuglingsalter haben. Wir werden mit der Fähigkeit geboren, die Geheimnisse des Universums und unseres eigenen Geistes zu entdecken, und mit dem Drang, so lange zu forschen und zu experimentieren, bis uns das gelungen ist.«

Dieser Satz verweist darauf, dass Entwicklung und Lernen untrennbar miteinander verknüpft sind (siehe dazu Becker-Stoll et al., 2014, S. 114ff). Das Explorieren der dinglichen und sozialen Welt, das Erforschen von Unbekanntem, das Entdecken von Neuem sind Bedürfnisse, die Kinder mit ihren entwicklungsabhängigen Kompetenzen befriedigen wollen. Je jünger Kinder sind, umso so stärker geschieht dies in der Interaktion mit Erwachsenen, aber auch schon bald in der Interaktion mit anderen Kindern ähnlichen oder unterschiedlichen Alters.

Die amerikanischen Motivationsforscher Edward Deci und Richard Ryan (1995) unterscheiden in ihrer Selbstbestimmungstheorie (Self Determination Theory – SDT) neben dem psychischen Grundbedürfnis nach Bindung und sozialer Eingebundenheit das Kompetenzerleben und das Autonomieerleben als zwei weitere Grundbedürfnisse. Ihren Forschungen zufolge hat der Mensch die angeborene Motivation, sich mit anderen Personen in einer sozialen Umwelt verbunden zu fühlen, sich in dieser Umwelt als jemand zu erleben, der etwas bewirken kann, und sich dabei persönlich autonom und initiativ zu erfahren (vgl. Krapp, 2005).

Das Grundbedürfnis nach Bindung und sozialer Eingebundenheit steht für das Bedürfnis, enge zwischenmenschliche Beziehun-

2.3 Zusammenspiel von Kompetenzen und Bedürfnissen

gen einzugehen, sich sicher gebunden zu fühlen und sich als liebesfähig und liebenswert zu erleben. Dem Grundbedürfnis nach Kompetenz liegt der Wunsch nach einer effektiven Interaktion mit der Umwelt zugrunde, durch die positive Ergebnisse erzielt und negative verhindert werden können. Autonomie steht für das Grundbedürfnis nach freier Bestimmung des eigenen Handelns und selbstbestimmte Interaktion mit der Umwelt.

Autonomie unterstützendes Verhalten beinhaltet die Gewährung von Freiheit und Wahlmöglichkeiten bei einem Minimum an Regeln, sodass eigene Ziele erkannt und verfolgt werden können. Die Unterstützung von Autonomie ist demnach ein wichtiger Punkt im Verhalten von Bezugspersonen. Die Hemmung von Autonomiebestrebungen kann durch übermäßige Kontrolle, Manipulation oder Strafen geschehen (Ryan, Deci & Grolnick, 1995).

Bedürfnis ist demzufolge nicht nur im Sinne von Abhängigkeit zu verstehen. Bedürfnis ist auch dahingehend zu verstehen, dass Erwachsene Bedingungen schaffen müssen, unter denen das Kind seine Bedürfnisse nach sozialer Eingebundenheit, Kompetenzerleben und Autonomieerleben eigeninitiativ befriedigen kann. Entscheidend ist das intrinsische Erleben, das junge Kinder durch Mimik, Motorik oder Gestik meist deutlich ausdrücken und nicht die externe Motivation, die Erwachsene durch überschwängliches Lob oder die Aufforderung zu erneuter oder größerer Anstrengung bewirken. Die intrinsische Motivation ist es, die Kinder sich anstrengen und den nächsten Entwicklungsschritt wagen lassen.

In diesem Zusammenspiel von Bedürfnissen und Kompetenzen, die Kinder in der Interaktion mit ihnen feinfühlig bzw. responsiv zugewandten Personen befriedigen können, bewältigen sie ihre Entwicklungsaufgaben (siehe Kap. 6.5).

2.4 Stärken von Kindern im Übergang

Kinder, die den Übergang in eine Kinderkrippe, einen Kindergarten oder auch in eine Tagespflegestelle bewältigen, müssen sich eine neue Umgebung so zu eigen machen, dass sie deren Möglichkeiten mit Gewinn für ihre Entwicklung nutzen können. Kinder verfügen über die dazu nötigen Kompetenzen, die freilich entwicklungsangemessene Unterstützung erfordern.

2.4.1 Die Bewältigung von Entwicklungsaufgaben in zwei unterschiedlichen Entwicklungsumgebungen

In seiner persönlichen Entwicklung bewältigt jeder Mensch von Geburt an Entwicklungsaufgaben (siehe Kap. 4). Gemeint ist immer, dass es um das Zusammenwirken von individueller Leistungsfähigkeit, kulturellen Erwartungen (z. B. Zeitpunkt der Sauberkeitserziehung) und individuellen Zielsetzungen (›Ich bin bald ein Kindergartenkind‹) geht. Es wird der positive, motivationale Charakter der Herausforderung betont, auf den das Individuum mit einem Zuwachs an Kompetenzen, mit Entwicklungsfortschritten, reagiert. Wichtig dabei ist, dass die Umwelt dem Entwicklungsstand angemessene Ressourcen zur Verfügung stellt, z. B. durch verlässliche Beziehungen und eine anregungsreiche Umgebung.

In der psychologischen und pädagogischen Fachsprache hat sich der Gebrauch des Terminus »Entwicklungsaufgabe« mittlerweile erweitert. So wird z. B. auch die Bewältigung des Übergangs von der Familie in die Kindertagesbetreuung als Entwicklungsaufgabe bezeichnet (Griebel & Niesel, 2013). Übersehen werden darf jedoch nicht, dass das Zusammentreffen von zwei oder gar mehreren Entwicklungsaufgaben zu Überforderungen führen kann, wenn Erwachsene dies nicht angemessen berücksichtigen. Fällt z. B. der Übergang in eine Tagesbetreuung mit ersten Fortschritten beim »Sauberwerden« oder mit den starken Autonomiebestrebungen der sogenannten Trotzphase (Autonomiephase) zusammen, sind Bindungsbedürfnis, Autonomiestreben und Kompetenzerleben für das Kind möglicherweise schwer in Einklang zu bringen. Von Erwachsenen ist dann eine erhöhte Sensibilität bei der Übergangsgestaltung gefordert. Ist der Übergang gelungen, haben Kinder keine Probleme dabei, beide Entwicklungsumgebungen – Familie und Tagesbetreuung – mit ihren unterschiedlichen Qualitäten für ihre weitere Entwicklung und die Meisterung von Entwicklungsaufgaben zu nutzen.

Von Geburt an verfügen Kinder über Kompetenzen der Kommunikation, und von Geburt an beginnt die Sprachentwicklung. Unterscheiden sich Familiensprache und die Sprache in der Tagesbetreuung, ist bereits bei Säuglingen und Kleinkindern ihrer Kompetenz zur Mehrsprachigkeit im Übergangsprozess Aufmerksamkeit zu widmen und die Entwicklung der Mehrsprachigkeit muss zwischen den unterschiedlichen Sprachwelten Familie und Kindertageseinrichtung abgestimmt werden (Kieferle, 2012).

2.4.2 Bindungs- und Beziehungsaufbau zu mehreren Personen

Die moderne Bindungsforschung sagt eindeutig, dass Kinder zu *verschiedenen* erwachsenen Personen Bindungen, bindungsähnliche Beziehungen oder freundschaftliche Beziehungen entwickeln. Dabei wird jede Beziehung exklusiv entwickelt, und jede Beziehung hat eine eigene Qualität. Die Bedeutung dieser Kompetenz wird ausführlich in den Kapiteln 5 und 6 dargestellt.

2.4.3 Kompetenz zur (Selbst-)Bildung durch aktive Konstruktionsleistungen

Kindertageseinrichtungen werden heute als erster Abschnitt der Bildungsbiographie gesehen und in den Bildungsprogrammen (bzw. -plänen, -empfehlungen, o.ä.) der Bundesländer (www.bildungsserver.de) entsprechend dargestellt. Wird der Bildungsbegriff verstanden als »sich ein Bild von der Welt machen«, wird zugleich der aktive, vom Kind ausgehende Prozess der Weltaneignung im sozialen Kontext beschrieben. Die Säuglingsforschung belegt, dass Neugeborene über ein Kernwissen verfügen, mit dem sie auf die Welt kommen (Sodian, Kristen & Koerber, 2010). Sie imitieren beispielsweise Gesichtsbewegungen ohne jede Erfahrung mit menschlichen Gesichtern und bevorzugen die Darstellung von Gesichtern gegenüber ähnlichen Mustern. Schon bald unterscheiden sie zwischen Menschen, Tieren und unbelebten Objekten. Auf der Basis dieses Kernwissens beginnen Säuglinge, ihr Bild von der Welt zu konstruieren. Das geschieht in den normalen, alltäglichen Interaktionen mit Familienangehörigen und pädagogischen Fachkräften. Frühkindliches Lernen findet dann statt, wenn die Aktivität vom Kind ausgeht, wenn Mädchen und Jungen selbst erkunden, handeln, begreifen, erfahren – mit möglichst vielen beteiligten Sinnen und in emotionaler Sicherheit. Das frühkindliche Gehirn ist für das aktive Erkunden und Lernen geschaffen. Frühkindliches Lernen unterscheidet sich vom erwachsenen Lernen, in dem es ausschließlich von der unmittelbaren eigenen Erfahrungen, der eigenen Aktivität abhängt, während Schulkinder, Jugendliche und Erwachsene auch aus Erklärungen und Information oder Wissensvermittlung im herkömmlichen Sinne lernen können. Mit dem Übergang in eine Tagesbetreuung verändert sich das Weltbild des Kindes. Völlig neue Erfahrungs- und Bildungsmöglichkeiten eröffnen sich. Das Gelingen des Übergangs wird somit zur *Schlüsselsituation* für eine möglichst optimale Förderung im Rahmen des ersten Abschnittes der Bildungsbiographie. Im Übergangsprozess öffnet sich dem Kind diese neue Welt. Dieser Prozess der Exploration wird durch vertraute und noch fremde Personen so unterstützt, dass neue Sicherheit gebende Beziehungen entstehen, die dem Kind ermöglichen, die Entwicklungsumgebung KiTa für seine Bildung in ko-konstruktiven Interaktionen zu nutzen.

Das zentrale Element von Ko-Konstruktion ist der Diskurs, in dem die Beteiligten als Gleichberechtigte – unabhängig vom Alter oder vom Können – ihrem gemeinsamen Tun einen Sinn oder eine Bedeutung geben (Fthenakis, 2006). Im ko-konstruktiven Dialog begegnen sich die Perspektive des Kindes und die der pädagogischen Fachkraft, die versucht, die Welt mit den Augen des Kindes wahrzunehmen, unabhängig von dessen Alter, ob Krippenkind oder Kindergartenkind. Die Aufmerksamkeit des Erwachsenen ist auf das Verstehen des Kindes gerichtet, auf seine Wahrnehmungen und Erfahrungen, die in non-verbalen und verbalen Äußerungen, Gesten, Bewegungen oder Handlungen zum Ausdruck kommen. In dieser Haltung der Fachkraft ist der »kompetente Säugling« aktiv und dialogfähig und in der Lage, seine Realität mitzugestalten. Der Begriff »Selbst-Bildung« ist keinesfalls gleichzusetzen mit »Vonselbst-Bildung ..., sondern [der Begriff] beschreibt den Anteil der Selbsttätigkeit des Kindes innerhalb einer Lern-Kultur mit dem Ziel, dem Kind eine Partizipation an der Kultur zu ermöglichen, in die es hineinwächst« (Schäfer, 2008. S. 138).

Zu beachten ist, dass die Familie der erste und nachhaltigste Bildungsort eines Kindes ist und bleibt (siehe Kap. 3). Die Zusammenarbeit mit der Familie beginnt im Übergangsprozess. Von da an werden sich beide Entwicklungsumgebungen beeinflussen. Die Bildungsarbeit der Kindertageseinrichtung gelingt dann am besten, wenn sie für Familien transparent ist und von ihr als Bereicherung verstanden wird.

2.4.4 Mädchen und Jungen lernen schon früh von und mit anderen Kindern

Mit dem Übergang von der Familie in eine Kindertageseinrichtung erweitert ein junges Kind sein Beziehungsnetz und schon während des Übergangs bekommt die Interaktion mit anderen Kindern einen neuen Stellenwert. Anders als Beziehungen zwischen Erwachsenen und Kindern, die vorgegeben und durch

Pflege, Erziehung und Unterstützung gekennzeichnet sind, sind die Beziehungen zwischen Kindern freiwillig und auf gegenseitigen Interessen gegründet. Peers sind Individuen ungefähr gleichen Alters bzw. ähnlichen Entwicklungsstandes. Im Gegensatz zu Beziehungen mit Erwachsenen gibt es kaum Unterschiede in Macht und Status.

Schon in der frühesten Lebensphase reagieren Säuglinge auf das Weinen anderer Kinder, sie sind also von Geburt an sensibel für die Signale von Kindern in ihrem Alter. Am Ende des ersten oder mit Beginn des zweiten Lebensjahres reagieren Kinder nicht nur auf Spielangebote Erwachsener oder deutlich älterer Kinder, sondern sie entwickeln Eigeninitiative für Interaktionen mit ähnlich alten Kindern. Einjährige beobachten einzelne Altersgenossen und schenken ihnen Aufmerksamkeit, sie zeigen bewusstes Handeln und Geschäftigkeit, indem sie ihre Altersgenossen spontan grüßen und sie zum Spielen einladen. Gegenseitiges bewusstes Wahrnehmen, geteilte Aufmerksamkeit, einander Anlächeln, koordinierte Bewegungen und andere synchronisierte Handlungen sind non-verbale Anteile entstehender Freundschaften (Singer & de Haan, 2007; Engdahl, 2012). Bemühungen werden erkennbar, das eigene Verhalten dem Spielkontext bzw. dem Handeln ihres Gegenübers anzupassen, dem Miteinander einen Sinn, ein gemeinsames Ziel zu geben und das Verhalten in der Interaktion anzupassen (Brandes, 2010). In altruistischem Verhalten zeigt sich ein weiterer Aspekt der frühen sozialen Kompetenzen. Bereits im zweiten Lebensjahr sind Kinder in der Lage, andere zu trösten, anderen zu helfen und zu teilen (Warneken, 2010). Nach dem zweiten Geburtstag wird das Miteinander komplexer: Im Spiel kann die Nachahmung des Sozialverhaltens anderer Menschen beobachtet werden, ebenso wie kooperative Problemlösungen und Rollentausch. Die Kinder tun etwas nicht nacheinander, sondern die Reaktionen beziehen sich wechselseitig auf die Handlungen des anderen Kindes (Reziprozität). Dadurch entsteht Neues, Bedeutungen werden ausgehandelt und geteilt, Fortschritte werden erzielt, im Spiel findet Ko-Konstruktion statt.

2.4 Stärken von Kindern im Übergang

12 bis 18 Monate alte Kinder wählen unter mehreren Mädchen und Jungen die Kinder aus, die sie als Spielpartner oder Spielpartnerinnen andern gegenüber bevorzugen, so dass hier die Grundlage für Freundschaften erkennbar wird, wenn Kinder regelmäßig Gelegenheit zum Spiel mit einem bestimmten Partner oder einer Partnerin haben. In ihren Interaktionen sind Partnerschaft, Vertrautheit und positive Gefühle erkennbar, und die Vertrautheit zwischen beiden führt zu komplexeren sozialen Interaktionen, als bei Kindern, die sich nicht gut kennen. Bleiben die Bedingungen stabil, wie z. B. das Gruppengefüge, in dem die Freundschaft entstanden ist, können die frühen Freundschaften über viele Jahre Bestand haben (Howes, 2000).

Die Art der Interaktion mit anderen Kindern hat starke Einflüsse auf das Selbstbild eines Kindes. Studien mit älteren Kindern haben gezeigt, dass ein Freund oder mehrere Freunde signifikante positive Auswirkungen sowohl kurzfristig als auch langfristig haben. Dazu gehören eine erhöhte soziale Kompetenz und eine reduzierte Ängstlichkeit. In der Resilienzforschung (Wustmann, 2009, 2011) wird »Freunde haben« zu den schützenden Faktoren gezählt, die Kinder darin stärken, mit belastenden Lebensumständen umzugehen. Wegen dieser positiven Effekte ist es wichtig, darauf zu achten, dass alle Kinder im sozialen Gefüge einer Kindertageseinrichtung – auch die Jüngsten – die Chance auf freundschaftliche Beziehungen bekommen, so dass sie ein Gefühl der Zugehörigkeit entwickeln können und kein Kind sich ausgeschlossen fühlt. (Ausführlich zu Peer-Interaktionen in den frühen Lebensjahren: Becker-Stoll et al., 2014, S. 78ff.).

3

Ressource für Stärken des Kindes: Familie

Die Kinder, die in der KiTa aufgenommen werden, kommen aus Familien, die sich in einer Reihe von Merkmalen unterscheiden, die für die frühe Bildung der Kinder relevant sind. Ihre Vorerfahrungen und Kompetenzen, die sie mitbringen und die es weiterzuentwickeln gilt, werden im folgenden Kapitel am Beispiel der Sprachentwicklung erläutert. Mütter und Väter erst weniger Monate alter Kinder befinden sich selbst in einem Übergang zu Elternschaft, der ein komplexer langfristiger Prozess ist. Schließlich konstruieren Mütter einerseits und Fachkräfte andererseits das Bild von Müttern und von Elementarpädagog/innen als Expert/innen für das Kind.

3.1 Jedes Kind bringt seine Familie mit

In einer bundesdeutschen Studie von ca. 2000 zwei- und vierjährigen Kindern wurde die pädagogische Qualität sowohl in den Familien als auch in Einrichtungen, die sie besuchten, verglichen (Tietze et al., 2013). Pädagogische Qualität wurde in drei (in Kap. 1.6 bereits angesprochenen) Bereiche geteilt: (1) *Strukturqualität* betraf die Zusammensetzung der Familie und deren sozioökonomischen Status sowie den Bildungsstatus und Persönlichkeitsmerkmale der Mütter. (2) *Orientierungsqualität* umfasste Rolleneinstellungen und Erziehungsziele der Mütter und (3) *Prozessqualität* das Interaktionsklima von Müttern und Kindern und den Anregungsgehalt der familialen Umgebung. Bei den in die Untersuchungen einbezogenen Familien fanden sich sehr unterschiedliche Bedingungen der Struktur- und der Orientierungsqualität. Nicht nur bei Einkommen, Bildungsstand, Familienzusammensetzung und Erwerbstätigkeit, sondern auch bei Wohlbefinden der Mütter, Rollenmuster und Erziehungszielen wie Gehorsam, Autonomie und prosozialem Verhalten unterscheiden sich die Familien beträchtlich. Kinder in Familien mit Migrationshintergrund (der Mutter) waren öfter von einem niedrigen sozioökonomischen Status betroffen, hatten öfter Geschwisterkinder und Mütter, die nicht erwerbstätig waren. Ihre Mütter betonten öfter »Gehorsam« als Erziehungsziel. In der Prozessqualität zeigten sich insgesamt deutliche Unterschiede zwischen den Familien, etwa bei der Entwicklung anregenden häuslichen Umgebung. Sie fiel am besten aus, wenn die Mütter einen höheren Bildungsstand aufwiesen, weniger depressiv oder neurotisch waren, mit einem Partner zusammen und mit weniger Kindern im Haushalt lebten und zudem die Verantwortung für Entwicklung und Bildung der Kinder mehr sich selbst und weniger den Einrichtungen zuschrieben (Tietze et al., 2013). Im Ergebnis geht es darum zu akzeptieren, dass die Kinder aus sehr unterschiedlichen Umgebungen kommen, wenn sie in die KiTa eintreten, und dass sehr unterschiedliche Bedarfe der Eltern an die Fachkräfte herangetragen werden. Familien mit Zuwanderungsgeschichte bieten Ansatzpunkte für eine interkulturelle Elternarbeit, Familien mit einem Kind mit besonderen Bedürfnissen bringen ihre jeweils eigene Geschichte mit, Alleinerziehende, bildungsambitionierte Eltern, Familien in prekären Lebenslagen und engagierte Väter in Familien stellen jeweils eigene Fragen, für die Antworten ausgehandelt werden müssen. Es wird darum gehen, die Lebenslagen von Familien zu erkunden und die elterlichen Bedarfe in der Erziehungspartnerschaft mit den Eltern umzusetzen (Seehausen, 2012).

3.2 Anschlussfähigkeit der Bildungsprozesse in Familie und KiTa am Beispiel der Sprachentwicklung/Mehrsprachigkeit

Die Sprachentwicklung als Bildungsbereich wird herausgegriffen, weil der Spracherwerb ein Schlüssel für die frühkindliche Bildung ist, der in der Familie mit der Geburt des Kindes beginnt und in allen Lebensbereichen, und zudem fachlich in der KiTa, fortgesetzt wird (Reichert-Garschhammer & Kieferle, 2011). Über Körperkontakt und damit verbundene emotionale Nähe bei liebevoller sprachlicher Zuwendung werden die Grundlagen für den Großteil der späteren sozialen und intellektuellen Entwicklung gelegt. Dafür sind die ersten Jahre besonders wichtig. In der Interaktion mit den Bezugspersonen, die sich auf die Reaktionen und lautlichen Äußerungen des Kindes einstellen und ihnen dabei emotionale Zuwendung entgegenbringen und Sicherheit vermitteln, werden Qualität, Reichhaltigkeit und Umfang des sprachlichen Angebotes und des Austausches wirksam. Wie Eltern ihr Kind sprachlich unterstützen, ändert sich fortlaufend mit dessen (schnell) wachsenden Kompetenzen. Aufmerksamkeit, Begriffe, logisches Denken, Motivation und Interesse werden sozial kommuniziert. Emotionale und kognitive Anregungen und Unterstützung der kindlichen Unabhängigkeit eröffnen dem Kind auch Kommunikation mit anderen Erwachsenen und Kindern. Sprache, Verhalten, Erfahren von Sinn und Identität entwickeln sich im Rahmen von verfügbaren Ressourcen, die sprachlicher Natur sind und nichtsprachliche Symbole und Gestaltung zunehmend einschließen, wie Zeichen im Alltag, Bücher, Papier und Stifte. Im Zusammenspiel mit Sprachentwicklung entsteht auch Literacy (Reichert-Garschhammer & Kieferle, 2011). Ressourcen sind in den Familien unterschiedlich verteilt: die Reichhaltigkeit der verwendeten Sprache, des Angebots von Bildern und Schrift und der Spielumgebung eröffnet den Kindern Wissen über die Welt – dieser Prozess geht mit dem Bildungsniveau der Eltern einher. Der Spracherwerb ist kein einseitiger Prozess, in dem das Kind etwas aufnimmt; sondern in seiner kognitiven Entwicklung im sozialen Austausch wird Kulturwissen rekonstruiert und aktiv gestaltet im Sinne einer gemeinsamen Konstruktion des Kindes mit Personen, die älter bzw. kompetenter sind (Wygotski, 1971). Zur Unterstützung von Eltern, die selbst weniger Ressourcen in die Bildungsprozesse ihrer Kinder einbringen können, sind »Family-Literacy«-Programme entwickelt worden (Reichert-Garschhammer & Kieferle, 2011, S. 82).

Eine Ressource, die bislang relativ wenig Beachtung findet, ist die Mehrsprachigkeit (vgl. Kieferle, 2012, sowie Röhner/König, 2015, im Basisband dieser Buchreihe). Kinder sind grundsätzlich in der Lage, mehr als eine Sprache gleichzeitig zu erwerben, wobei die Sprachentwicklung sehr ähnlich wie bei einsprachig aufwachsenden Kindern ist (Kieferle & Griebel, 2013). Die Kompetenz in einer zweiten Sprache hängt vom Erwerbsalter, von der Kontaktdauer, von der Qualität und Quantität des sprachlichen Angebots und von den Sprechgelegenheiten ab. Sozialer Bedarf, Motivation und Einstellungen zur Erst- und Zweitsprache spielen eine Rolle und verweisen auf die komplexe Situation der wachsenden Anteile von Kindern und ihren Familien in Deutschland, die nicht Deutsch als Familiensprache sprechen. Welche Wertigkeit schreiben sie ihrer Familiensprache im Vergleich zur Sprache der Mehrheit, der sie begegnen, zu? Wie (aus-)gebildet ist ihre Familiensprache in Hinsicht auf die entsprechende Schriftsprache? Welche Bereiche im Alltag werden sprachlich erschlossen und in welchen Kontexten gibt es Sprechgelegenheiten und mit wem in beiden Sprachen?

In den Kindertagesstätten ist die sprachliche Bildung entsprechend der jeweiligen kompetenzorientierten Bildungspläne zum durchgängigen Prinzip geworden (Reichert-Garschhammer & Kieferle, 2011). Angesichts der Notwendigkeit für mehrsprachige Kinder, Deutsch zu lernen, und aller Kinder, sich in einer Gesellschaft mit wachsender Mobilität bewegen zu können, sind sprachliche Kompetenz und interkulturelle Kompetenz als Bildungsziele eng miteinander verflochten (Reichert-Garschhammer & Kieferle, 2011, S. 84): Das Kind erwirbt Freude am Sprechen und am Dialog, es lernt aktiv zuzuhören und seine Gedanken und Gefühle sprachlich differenziert mitzuteilen und es entwickelt auf Literacy bezogene Kompetenzen, Interesse an Sprache und Sprachen, ein sprachliches (auch mehrsprachliches) Selbstbewusstsein und mehrsprachige Kompetenzen. Es lernt und erlebt ein selbstverständliches Miteinander verschiedener Sprachen und Kulturen, hat Interesse und Freude daran, andere Kulturen und Sprachen kennenzulernen, zu verstehen und sich damit auseinanderzusetzen, und beschäftigt sich mit der eigenen Herkunft und reflektiert die eigenen Einstellungen und Verhaltensmuster.

> **Anregung zur Reflexion**
> Beim Übergang in die Kindertagesstätte sind starke Emotionen zu bewältigen, die das Kind im Kontakt mit seiner Muttersprache am besten erleben und ausdrücken kann. Was halten Sie unter diesem Gesichtspunkt von der Praxis einer Bezugserzieherin, sprachliche Rituale und Einschlaflieder der Kinder, für

> die sie zuständig ist, individuell von den Müttern zu lernen und einzusetzen – unabhängig von der Sprache?

3.3 Eltern in ihrer Entwicklung: Transition zur Elternschaft

Aus drei Studien, die in Deutschland durchgeführt wurden, werden hier Ergebnisse vorgestellt, die einen Einblick in die komplexen Veränderungsprozesse und Anforderungen geben, die für Paare mit der Geburt des ersten Kindes einhergehen (zusammenfassend Griebel & Niesel, 2013):

»Wenn aus Partnern Eltern werden« (1994–1998) (Eckert, 1999),

»Paare werden Eltern« (1994–1999) (Fthenakis, Kalicki & Peitz, 2002),

»Die Rolle des Vaters in der Familie« (1997–1998) (Fthenakis & Minsel, 2002).

Diese Studien sind theoretisch von der Familienentwicklungstheorie von Cowan (1991), insbesondere zum Übergang zur Elternschaft (Cowan & Cowan, 1992) bestimmt. Mit der Geburt des Kindes sind die Erwachsenen nicht einfach »frischgebackene« Mütter und Väter. Vielfältige Lernprozesse auf mehreren Ebenen sind erforderlich, um sich an die Erfordernisse der jungen Familie anzupassen, und diese Aufgabe bleibt über Jahre mit dem sich entwickelnden Kind und seinen damit einhergehenden Bedürfnissen bestehen. Im Gegensatz zu Ansätzen, die vorrangig Belastungen und Überforderungen thematisieren, betont der Transitionsansatz die Herausforderungen, denen die Eltern mit ihren eigenen Kompetenzen und mit sozialer Unterstützung begegnen. Partnerschaft, Elternschaft und Erwerbstätigkeit der Frauen und Männer wurden in den Studien in den Blick genommen. Anforderungen auf mehreren Ebenen werden wiederum berührt, wenn sich im Leben der Familie wichtige Veränderungen ergeben, wie etwa beim Eintritt in die erste Einrichtung außerhalb der Familie.

Die Situation als Mutter unterschied sich nach der Geburt des Kindes deutlich von dem vorherigen Selbstbild und auch dem vorher erlebten Wunsch der Frauen: Sowohl Partnerin zu sein als auch der Beruf rückten stark in den Hintergrund. Am Ende des ersten Lebensjahres des Kindes sahen die Mütter mehr Handlungsspielraum, Wunsch und Wirklichkeit wieder anzunähern. Väter erlebten entgegen ihren Erwartungen eine größere Bedeutung ihrer Erwerbstätigkeit und mehr Schwierigkeiten, ihr Vater-Sein damit in Einklang zu bringen. Bei aller Vorfreude und Freude in Bezug auf das Kind stellten sich nach der Geburt häufig Gefühle von Unausgeglichenheit und Erschöpfung, bei manchen eine längerfristige Verringerung des Selbstwertgefühls ein. Je besser die Partnerschaft eingeschätzt wurde, desto kompetenter fühlten sich die Partner auch in ihren Aufgaben als Eltern. Frauen, die aktiv eine gleichmäßige Beteiligung beider Eltern an Aufgaben mit dem Kind und im Haushalt anstrebten, erfuhren mehr Entlastung. Für die Bewältigung der Anforderungen waren die Kommunikation in der Partnerschaft und konstruktive Lösungen für Konflikte wichtige Kompetenzen.

In der Beziehung zum Kind hatten die Mütter oft eine »Torwächter-Funktion«: Bezogen sie den Vater aktiv in die Betreuung und Versorgung ein, unterstützte das den Aufbau der Beziehung des Vaters zum Kind. Vertrauen, dass die nötigen Kompetenzen gelernt werden können, ermutigte beide Eltern und erhöhte die Freude mit dem Kind. Je besser die Verständigung zwischen den Partnern war – über die vielen neuen Dinge, die nicht selbstverständlich für sie waren –, desto eher waren die Eltern auch einfühlsam gegenüber dem Neugeborenen und bauten eine gute Beziehung mit ihm auf. Das heißt, eine starke Partnerschaft der Eltern stärkte auch das Kind.

Während die Zufriedenheit mit der Partnerschaft bis zur Geburt des Kindes bei den meisten Paaren eher gestiegen war, trat danach vielfach eine »Ernüchterung« (Cowan & Cowan, 1999) ein. Diese ging einher mit einer stärker traditionellen Arbeitsteilung in der Familie, bei der der Vater seine Erwerbstätigkeit ausdehnte (Karriere) und die Mutter die Hauptverantwortung im Haushalt übernahm. Auch daraus entstehende (finanzielle) Abhängigkeiten widersprachen den ursprünglichen Planungen vieler Paare für ein gemeinsames Familienleben. Weniger Schwierigkeiten hatten Partnerinnen, die die Mutterrolle für sich als zentral ansahen und weniger Wert auf Beteiligung des Vaters legten. Wertschätzung des Beitrages des jeweils anderen bei der Aufgabenteilung insgesamt, also Haushalt und Erwerbstätigkeit, verbesserte die Zufriedenheit mit der Partnerschaft.

Positive Erfahrungen in den Herkunftsfamilien mit der Rolle von Vätern und Müttern erleichterten es den jungen Paaren, sich auf ihre Familiensituation einzustellen. Beziehungen zu den Großeltern konnten allerdings auch als Kontrolle und konflikthaft erlebt werden – für viele junge Familien waren die Herkunftsfamilien jedoch eine wichtige Ressource für Unterstützung.

Wenn junge Mütter nach einiger Zeit wieder in den Beruf einstiegen, konnten sie einer Doppelbelastung dann entgehen, wenn ihre Partner ihre Erwerbstätigkeit entsprechend reduzierten, und die Zufriedenheit stieg mit einer ausgewogenen Arbeitsteilung und der Beschäftigung auch des Vaters (alleine) mit dem Kind.

Eine Traditionalisierung der familialen Arbeitsteilung brachte ein Auseinanderdriften der Lebenswelten der Mütter und der Väter mit sich. Soziale Netze der Frauen aus dem Berufsleben und mit kinderlosen Freunden und damit der Austausch mit ihnen dünnten aus, die Väter wurden verstärkt in die Dynamik der Erwerbstätigkeit und ihrer Normen eingebunden und waren weniger am Geschehen zu Hause beteiligt. Die Verständigung zwischen den Eltern war erschwert.

Spielräume am Arbeitsplatz dabei, Familienaufgaben und Erwerbstätigkeit miteinander zu kombinieren, erleichterten das Aushandeln zwischen den Eltern.

Cowan, Cowan, Schulz & Heming (1994) führen aus, dass ein gelungener Übergang zur Elternschaft, bei dem die Eltern mit ihrer Arbeitsteilung und ihrer Partnerschaft zufrieden waren, mit besseren Beziehungen zum Kind und mit einer günstigen Entwicklung des Kindes bis zum Eintritt in den (amerikanischen) Kindergarten einherging.

Wichtig sind diese Befunde, weil sie zeigen, in welche Richtung eine Unterstützung junger Paare nach der Geburt eines Kindes gehen muss. Sie zeigen auch, dass diese Unterstützung nicht punktuell sein darf; vielmehr muss sie für unterschiedliche Lebenslagen und Problembereiche verfügbar sein.

Wenn man Transitionen als natürliche Experimente ansieht, kann man Interventionen als geplante Experimente ansehen (Cowan, 1991, S. 22). Die erste der drei zugrunde gelegten Studien hatte die Entwicklung eines Familienbildungsprogrammes zum Ziel (Eckert, 1999). Auch andere Familienbildungsprogramme wie die Kurse »Starke Eltern – Starke Kinder«© des Deutschen Kinderschutzbundes, bei denen es eine Schwerpunktsetzung für junge Familien gibt, sind auf ihre Wirksamkeit hin überprüft worden.

> **Anregung zur Reflexion**
> Gehen Sie die Situation von jungen Eltern anhand der zitierten Befunde durch und überlegen Sie/diskutieren Sie mit anderen, inwieweit diese erneut relevant werden, wenn das Kind eine KiTa besucht.
> Diskutieren Sie, ob sich mit aktuellen Veränderungen bei der Erwerbstätigkeit beider Eltern auch Normen für die Aufgabenteilung in Partnerschaft und Familie und Inanspruchnahme institutioneller Kindertagesbetreuung auch für Sie im Beruf persönlich ändern!

3.4 Das Bild der Mutter eines Krippenkindes: Konstruktion der Mütter und der Fachkräfte

Bisherige Forschung war eher auf die Anpassung von Kindern an eine außerfamiliale Einrichtung ausgerichtet. Die Perspektive der Eltern wurde als Zufriedenheit mit dem Angebot und als Einschätzung von Vorteilen für die kindliche Entwicklung erfasst. Vor dem Hintergrund eines gesellschaftlichen Diskurses von der primären Funktion der Mütter in der frühen Kindheit und dem sekundären Einfluss der Einrichtungen auf die Entwicklung des Kindes stellt sich die Frage danach, wie Mütter und professionelle Fachkräfte sich gegenseitig sehen. Carmen Dalli (2002, 2006) ging anhand von fünf Fallstudien in verschiedenen Einrichtungen in Neuseeland diesen Fragen nach. Sie wählte zum Erfassen der subjektiven Konzepte für das Verständnis und das eigene Handeln nach Bruner (1987) (siehe Kap. 4) narrative Interviews und Tagebuchaufzeichnungen. Im Sinne des sozialen Konstruktivismus (siehe Kap. 7) hat sie die Sichtweisen der Akteure aufeinander bezogen. Mit Verhaltensbeobachtungen in den Einrichtungen wollte sie zudem abklären, wie sich das Handeln vor dem Hintergrund der subjektiven Theorien darstellte. Damit sollten Aussagen über eine Praxis gewonnen werden, die den Beteiligten zu einer besser abgestimmten Kooperation verhilft.

Mütter berichteten von komplexen Gefühlen. Erwartungen, dass die Krippe für die Entwicklung ihrer Kinder positiv sein würde, standen Gefühle von Zweifeln, ob sie das Richtige tun würden, Schuld, ihr Kind alleine zu lassen, und Sorgen hinsichtlich Sicherheit und Gesundheit ihres Kindes gegenüber. Hinsichtlich der Fachkräfte fanden sie es wichtig, Vertrauen zu entwickeln.

Fachkräfte ließen hinter ihrer Beschreibung ihrer Praxis ihre subjektiven Theorien erkennen. Sie gingen davon aus, dass die Kinder sehr verschieden seien und dass dies auf Einflüsse der

Familie zurückgehe. Die Mütter seien die primären Bezugspersonen für ihre Kinder, die Fachkräfte daneben in ihrem Einfluss nur sekundär. Sie richteten ihre Aufmerksamkeit sowohl auf die Kinder als auch die Mütter. Über die Interaktion mit den Eltern könnten sie das Verhalten der Kinder bei der Eingewöhnung beeinflussen. Respekt gegenüber der primären Bedeutung der Mutter äußerte sich auch darin, dass sie von diesen Informationen wünschten, um den Umgang mit dem einzelnen Kind zu erlernen. Sie verstanden ihre eigene Funktion als *Ersatz* für die Mütter während deren Abwesenheit.

Die Verhaltensbeobachtungen zeigten demgegenüber, dass das Verhalten der Fachkräfte auf die kindlichen Reaktionen und auch auf das Verhältnis mit den Müttern einen großen Einfluss hatte. Ausgehend von derselben Theorie der Unterschiedlichkeit der Kinder und dem Primat der Mütter, gab es zwei Vorgehensweisen in der Praxis: Entweder keine Interaktionsangebote von den Fachkräften, die stattdessen den Kindern und ihren Müttern bei Orientierungsbesuchen das Feld überließen, abwarteten, was das Kind wollte und wem es sich zuwenden würde; oder aber eine auf die Aufmerksamkeit des Kindes eingehende Aufmerksamkeit einer Fachkraft als Bezugserzieherin mit allmählichem Beziehungsaufbau und engem Austausch mit der Mutter über das Geschehen.

Mütter und Kinder reagierten auf diese unterschiedliche Praxis ebenfalls unterschiedlich: Während Mütter zum Ausdruck brachten, dass sie sich verloren und unsicher fühlten, wenn ihnen selber überlassen blieb, was sie während der Eingewöhnung in der Einrichtung taten, bewirkte das Fokussieren auf die Aufmerksamkeit des Kindes, dass dieses seinerseits die Aufmerksamkeit auf die Bezugserzieherin richtete und in der Folge auf andere Erwachsene und Kinder in der Einrichtung erweiterte. Die Mütter fühlten sich durch diese Führung, mit klaren Informationen über Konzept und Vorgehensweisen und die Rückmeldung aus der Sicht der Fachkraft, sicherer.

Carmen Dalli zieht die Schlussfolgerung, dass der Diskurs über die herausragende Rolle der Mutter für die Entwicklung des Kindes im Widerspruch zum Einfluss der Fachkräfte darauf steht, wie das Kind sich in der Einrichtung einlebt und wie sich die Beziehung zwischen Müttern und Fachkräften entwickelt. Die Mütter erlebten sich selbst als weniger machtvoll und kompetent, als dies die Fachkräfte ihnen zuschrieben. Die Konsequenz daraus muss nach Carmen Dalli (2006) sein:

Es kann nicht um Trennung alleine gehen, sondern um die Einführung in eine neue Umgebung mit allem, was dort zu tun üblich ist. Sowohl Fachkräfte als auch die anderen Kinder sind Akteure dieser Einführung.

Müttern würde geholfen mit:
- klarer Information und Anleitung, was den Tagesablauf und speziell, was die Eingewöhnung betrifft (und zwar schriftlich und mündlich)
- einer zuständigen Fachkraft, mit der sie über ihr Kind sprechen können
- regelmäßiger Rückmeldung über das Kind
- Respektierung der bevorzugten Behandlung des eigenen Kindes seitens der Mutter
- dem Aufgreifen ihrer Vorschläge in Bezug auf das Kind (auch Deutungen von Verhalten)
- Informationen über die Struktur der Einrichtung: z. B. Fachkraft/Kinder/Schlüssel. Erlangung der Sicherheit, dass ihr Kind die angemessene Aufmerksamkeit erhält
- Interaktionen mit den Fachkräften, die ihnen die Vertrauenswürdigkeit des Personals vermitteln.

Das alles sind Merkmale von elterlicher Partizipation. Ferner spielt eine Rolle, dass das kindliche Verhalten den Eltern Sicherheit gibt, dass es ihrem Kind gut geht und sie die richtige Entscheidung getroffen haben. Berücksichtigung des kindlichen Ausdrucks wiederum spiegelt die Partizipation des Kindes wider (vgl. Griebel/Hartmann/Thomsen, 2010). Wenn man davon ausgeht, dass nicht die Mütter alleine für die Familienaufgaben – Kinder, Partnerschaft, Erwerbstätigkeit – zuständig sind, lässt sich der Personenkreis für Verständigungsprozesse zwischen Familie und Einrichtung erweitern.

Peitz (2004) fand, dass dort, wo Eltern Belastungen ausgesetzt waren und Kinder verhaltensauffällig erschienen, das Vertrauen der Mütter in die Fachkräfte, die entsprechende Rückmeldungen gegeben hatten, verringert wurde und die Fachkräfte abgewertet wurden. Diesem Risiko lässt sich begegnen, wenn der Beziehung aufbauende Dialog von Anfang an geführt und nicht auf Problembereiche beschränkt wird.

B

Kinder stärken im Übergang von der Familie in die Tagesbetreuung

4

Transitionen theoriebasiert verstehen und fachlich fundiert gestalten

Worin besteht der Nutzen der Auseinandersetzung mit Theorie? Der theoretische Hintergrund zum Verständnis eines Phänomens bestimmt die Methodik eines Forschungszugangs und auch die Interpretation der erhobenen Daten. Mehrere Theoriestränge zur Beschreibung von Übergängen bzw. zu Bildungsübergängen haben sich nebeneinander entwickelt und Forschung angeregt. Dabei durchdringen sich die Konzepte häufiger. Wenn auf die theoretischen Wurzeln nicht verwiesen wird, ist die Nachvollziehbarkeit der Ergebnisse und ihrer Interpretation beliebiger. Wo eine Theorie nicht explizit und damit nachprüfbar gemacht wird, können Alltagstheorien eingesetzt werden, »Meinungen«, denen Annahmen und Erfahrungen zugrunde gelegt werden, die nicht so leicht nachprüfbar sind. Zugleich beruhen Theorien auf historischen Gegebenheiten zur Zeit ihrer Entstehung und können Verhältnisse voraussetzen, die sich jedoch mittlerweile geändert haben. Das ist besonders deutlich bei Theorien, die das Leben in Familien berücksichtigen – familiale Lebensformen von Arbeitsteilung zwischen Frauen und Männern, vom Zusammen- oder Getrenntleben haben sich stark verändert und verändern sich weiter. Theorien müssen sich also auch immer in Hinsicht auf ihre Voraussetzungen hin befragen lassen. Wenn Theorien ausgewiesen werden, beugt das der Gefahr einer Übergeneralisierung, einer unzulässigen Verallgemeinerung von Annahmen und sie bestätigenden Ergebnissen vor. So sind Übergangstheorien, die sich mit dem Übergang in die erste Einrichtung außerhalb der Familie, dem Wechsel von der Kindertagesstätte in die Schule, von der Grundschule in die weiterführenden Schulen usw. beziehen, nicht zugleich auch Theorien zur vollständigen Erklärung von langfristigem Bildungserfolg. Ebenso wenig sind Ergebnisse zum Lernen in neuen Umgebungen mit Persönlichkeitsveränderungen von Kindern zu verwechseln, sondern darauf zu befragen, inwieweit Entwicklung angeregt wird (Olbrich, 1995). Die Bindungstheorie befasst sich mit dem Aufbau und der Differenzierung von Beziehungen des Kindes und stellt Verbindungen zum Lernen im Lebensumfeld des Kindes her. Sie ist aber nicht eine Übergangstheorie, die Veränderungen in den Erfahrungen in den Mittelpunkt stellt mit Ausnahme des Verlusts von Beziehungspersonen. Gleichwohl hat sie für das Bild von Bedürfnissen des Kindes beim Eintritt in eine Bildungseinrichtung außerhalb der Familie große Bedeutung erlangt, denn auch Veränderungen in den Lebensumwelten bzw. Erfahrungswelten von Kindern werfen die Frage nach sozialen Beziehungen auf.

Die theoretischen Annahmen im Bereich der Erforschung von Übergängen sind von ihren Anfängen in der Soziologie, Anthropologie, Psychologie und Pädagogik in der aktuellen Forschung jeweils immer weiter aufgefächert worden. Immer differenzierter ist auch das Bild davon geworden, wie Bildung in den Institutionen verstanden und umgesetzt wird. Im Ergebnis lassen sich die Anforderungen und die Bewältigungsformen genauer beobachten und beschreiben. Aus beidem lassen sich Handlungsempfehlungen ableiten, die fundiert sind und daher einleuchten.

4.1 Transitionen und ihre Bedeutung im Lebenslauf und in der Bildungsbiografie

Welche Relevanz haben Reaktionen des Kindes beim Eintritt in eine außerfamiliale Bildungseinrichtung für dessen weitere Entwicklung? Sind Belastungsreaktionen als Trauma mit möglicherweise weitreichenden negativen Folgen zu verstehen (Ladd & Price, 1987; Taylor, 1991)? Oder gibt es noch andere Sichtweisen auf das Verhalten des Kindes in Transitionen und dessen Bedingungsfaktoren? Und wie wäre dann die Bewältigung des ersten Bildungsüberganges für nachfolgende Transitionen einzuschätzen?

Caspi & Moffitt (1993) erklären auf Grundlage der Anlage-Umwelt-Forschung bzw. der Entwicklungspathologie und Persönlichkeitsforschung kindliche Verhaltensweisen in neuen, uneindeutigen und unsicheren Situationen als Akzentuierungen ihrer bereits bestehenden, u.U. pathologischen Entwicklung. Ihre »paradoxe Theorie der Persönlichkeitsentwicklung« wurde von Faust, Kratzmann & Wehner (2012) zur Erklärung von Problemen eines Teils der Kinder bei Schuleintritt herangzogen, die schon vorher bestanden hatten. Konsequenz wäre, bereits bei früh feststellbaren Abweichungen in der Entwicklung von Kindern helfend anzusetzen.

Eine starke Betonung von Stress bei der Anpassung an Veränderungen kann zu Überlegungen führen, Veränderungen eher gering zu halten (Haefele & Wolf-Filsinger, 1994). Das ließe sich als »Kontinuität« beim Wechsel von unterschiedlichen Lebenswelten ansehen. Auch nachfolgende Übergänge müssten mit dieser Kontinuitätsstrategie für die Kinder leichter werden. Im Hinblick auf altersnormierte Entwicklungsmaße wurden die Reaktionen von Kindern beim Eintritt in Kindertagesstätten in Polen als »Entwicklungs-Disharmonien« beschrieben, die auf Übergangsphasen beschränkt sind (Kienig, 1998).

Bildungsübergänge als normative kritische Lebensereignisse zu konzipieren, bedeutet außer nach Risiko- auch nach Schutzfaktoren zu suchen, mit denen eine Gefährdung der kindlichen Entwicklung vermieden und Entwicklung stattdessen angeregt werden kann (Beelmann, 2006). Beim Eintritt in den Kindergarten, in die Grundschule und in weiterführende Schulen hat Wolfgang Beelmann jeweils Stichproben untersucht und außer Einflussfaktoren auch vergleichbare Bewältigungsformen gefunden – allerdings war seine Untersuchung nicht längsschnittlich angelegt und lässt daher keine Vorhersagen zu.

Uri Bronfenbrenner (1989) hat den Übergang in die außerfamiliale Einrichtung als einen ökologischen Übergang mit Konsequenzen für das Lernen der Kinder betrachtet. Die erfolgreiche Bewältigung des ersten Übergangs müsse daher auch nachfolgende Übergänge für das Kind leichter machen. Vor diesem Hintergrund hat Anna Kienig (2006) die Bewältigung des Eintritts in den Kindergarten in einer Längsschnittstudie untersucht und tatsächlich gefunden, dass Kinder, die hier unter starken Belastungen litten, auch mit dem Übergang in die Schule und während des ersten Jahres in der Schule Schwierigkeiten hatten. Konsequenzen sind danach in Richtung auf eine effektive Unterstützung aller Kinder beim Eintritt in den Kindergaren zu ziehen.

Kay Margetts (2009) hat ebenfalls ausgehend von U. Bronfenbrenners Überlegungen in Australien längsschnittlich den Übergang in die Schule untersucht und Zusammenhänge mit der Anpassung der Kinder während der ersten sechs Schuljahre gefunden. Konsequenzen sind für sie die Vorbereitung und Stärkung der Kinder unter Beachtung von Fertigkeiten, die sie für eine schnelle Orientierung in einer neuen Lernumgebung benötigen.

Im Ergebnis sehen wir, dass unterschiedliche Ansätze – bei unterschiedlichen Übergängen – zu unterschiedlichen pädagogischen Konsequenzen führen.

Diese Beispiele sollen zeigen, dass der theoretische Hintergrund die Methodik und die Dateninterpretation sowohl in der Forschung als auch nachfolgend in der Pädagogik bestimmt.

Keine Theorie, die immer eine Abstraktion von der komplexen Realität darstellt, allein kann alles erklären. Differenzierte Ansätze erlauben, differenzierte Fragen zu stellen und nach Antworten zu suchen, etwa nach einer »Transitionskompetenz« oder allgemein Resilienz als psychische Widerstandskraft (siehe Kap. 8), bzw. nach von den Kindern zu erwerbendem »*Transitionskapital*« (Dunlop, 2007), das Übergänge bewältigen hilft. Dies immer in Hinblick darauf, dass es nach dem Übergang in die erste Einrichtung außerhalb der Familie weitere Bildungsübergänge für die Kinder geben wird.

Daher werden im folgenden Abschnitt wesentliche Grundlagen vorgestellt, die in der Forschung zu Übergängen in der frühen Kindheit ihren Niederschlag gefunden haben.

4.2 Theoretische Grundlagen in der Anthropologie, Soziologie, Pädagogik und Psychologie

Psychische Wandlungsprozesse im Lebensverlauf sind ein internationales Forschungsfeld geworden, in dem auf unterschiedliche Traditionen in der Anthropologie, Soziologie, der Pädagogik und Psychologie zurückgeblickt wird. Die Wurzeln der Forschungsansätze reichen bis in die Ursprünge der einzelnen Disziplinen zurück und sind eng miteinander verflochten. Dabei sind grundlegende Autoren international unterschiedlich spät zur Kenntnis genommen worden. Ein Beispiel dafür ist der bedeutende russische Entwicklungspsychologe *Lew S. Wygotski* (1896–1934), der im Zusammenhang mit dem sozialen Konstruktivismus quasi »wiederentdeckt« wurde (siehe Dunlop 2014). Zudem spielt eine Rolle, dass ausschließlich englischsprachige Veröffentlichungen international wahrgenommen und verarbeitet werden (z. B. Dockett & Perry, 2013). Die Übergangsforschung richtete sich seit den 1990er Jahren auf Übergänge innerhalb des Bildungssystems, vom Eintritt in eine erste außerfamiliale Bildungseinrichtung, in die Schule bis zum Übergang von der Primarstufe in die weiterführenden Schulen (vgl. Griebel & Niesel, 2013).

Von Theorien zur Veränderung von Lebensbedingungen unterscheidet Beelmann (2006) Übergangstheorien im Sinne von psychischer Veränderung bei äußeren Veränderungen. Darin ließe sich auch eine Unterscheidung von soziologischen und psychologischen/pädagogischen Zugängen zum Thema erkennen.

In der frühen Soziologie bzw. Ethnologie beschäftigte sich *Arnold van Gennep* in seinem Werk »Übergangsriten« (1909/ 1986) mit den Wechseln von einer Altersstufe zur nächsten und den damit verbundenen Aufgaben und Tätigkeiten in der Gesellschaft. Er setzte dabei genau definierte Situationen voraus und verknüpfte damit jeweils einen Status, den das Individuum in seinem Lebenslauf in vorhersehbarer Weise wechselt. Diese Statuswechsel werden innerhalb einer gegebenen Gesellschaft mit spezifischen Ritualen angezeigt und begleitet. Er entwarf ein Strukturmodell von Übergangsriten mit drei Phasen, nämlich die Trennungsphase, die die Lösung des Einzelnen vom bisherigen Status beinhaltet, die Schwellenphase, die die Umwandlung bzw. den Zwischenzustand bezeichnet, und die Phase der Eingliederung in den neuen Status. Die Kultur biete durch Regeln, Symbole und Deutungsmuster Hilfen, die dem Einzelnen Orientierung erlauben und Unsicherheit vermindern, sie unterstützen die Integration, die Identität und Solidarität. Die rituelle Begleitung von Statuspassagen stabilisiere die einzelnen Mitglieder der Gesellschaft, die sie durchlaufen, und damit auch die Gesellschaft, deren Träger die Individuen sind. Beim ersten Übergang in eine KiTa ließe sich eine ritualbetonte Eingewöhnungsstrategie und klare Statusdefinitionen mit diesem Modell begründen.

Der Kultursoziologe *Pierre Bourdieu* entwickelte seine theoretischen Begriffe unter Einbeziehung der Erfahrungen von Individuen. Er verwendete Leitbegriffe wie Habitus, sozialer Raum, soziales Feld und Klasse. Begriffe der Soziologie und Ökonomie entwickelte er zu einer »Theorie der Praxis« weiter. Die Kulturtheorie Bourdieus vergleicht Interaktionen des Alltagslebens mit einem Spiel. Die Individuen besitzen danach unterschiedlich viele Potenziale verschiedener Art, die sie einsetzen und teilweise umwandeln können: ökonomisches, soziales und kulturelles Kapital. Kulturelles Kapital wird erworben als Verinnerlichung der äußeren Bedingungen, die zu einem Habitus mit Verhaltensformen wird und die dem Einzelnen von Anfang an erhalten bleiben. Der Erwerb kulturellen Kapitals kann beispielsweise zur Erhöhung des sozialen Kapitals dienen. Bourdieu (2005) sah im Gegensatz zu van Gennep nicht die Trennung aus vorangegangenen Situationen als Wirkung des Rituals, sondern die Unterscheidung zwischen Personengruppen. Sozial differenziert wird danach zwischen Mitgliedern und Nicht-Mitgliedern einer Gemeinschaft innerhalb der Gesellschaft, und zwar über die »Instituierung« von Kompetenzen, die ein »Sosein« ausmachen sollen (Bourdieu, 2005, S.111, zit. nach Kellermann, 2008, S. 20). Mit der sozialen Definition werden Verhaltenserwartungen an das Individuum gerichtet, die es in der neuen Gemeinschaft zukünftig erfüllen solle. Wenn diese verinnerlicht werden, erwerbe der Einzelne den Habitus in einem neuen Status. Bezogen auf den ersten Übergang in eine Krippe oder KiTa, ließen sich in den Begrifflichkeiten nach Bourdieu der Aspekt der Zugehörigkeit zu gesellschaftlich definierten Personengruppen von Krippenkindern und Eltern von Krippenkindern und der Erwerb on Kompetenzen als kulturelles und soziales Kapital beschreiben. Daraus würde die Frage folgen, wie diese Formen von Kapital bei weiteren Bildungsübergängen eingesetzt werden können. A.-W. Dunlop (2007; 2014) schlägt hierfür den Begriff »Transitionskapital« vor.

Anselm Strauss (1974), der aus der Medizinsoziologie kam, baute auf den Vorstellungen von der Struktur sozialer Beziehungen sowie von Statuspassagen auf und definierte Übergangsprozesse als Interaktion der Erfahrung des Einzelnen mit dem Verhalten wichtiger anderer Menschen seiner Umgebung sowie mit den in diesem Verhalten repräsentierten gesellschaftlichen Normen. Übergänge im Bildungssystem seien institutionell bzw. gesellschaftlich vorgegeben. In einer Theorie der Statuspassage wurden dann die Wechsel von einem sozialen Status in einen anderen als Bewegungsabfolgen innerhalb einer Passage beschrieben, die auf die Dauer des Übergangs ebenso einwirkten wie auf die subjektiv erlebte Bedeutung des Übergangs (Glaser & Strauss, 1971). Gesellschaftlich vorgegebene Übergangsphasen veränderten das Beziehungsgeflecht und die Identitätsentwicklung des Einzelnen nachhaltig. Das würde auf den Eintritt in eine KiTa zutreffen.

Der Soziologe *Glen Elder Jr.* (1985) verstand bei der soziologischen Untersuchung von plötzlich eintretenden Armutserfahrungen Kinder und Jugendliche nicht länger als passive Objekte ihrer Umgebung, sondern als kompetente Akteure, die in der Lage sind, aktiv mit den sie umgebenden Umständen umzugehen und ihr Leben erfolgreich zu gestalten. Entwicklung im sozialen Kontext betrachtet er als historisch eingebettete Lebensläufe und weniger als Handeln in Zusammenhängen von Gemeinschaften und Kulturen oder innerhalb ökologischer Systeme wie *Bronfenbrenner* (s. u.), mit dem er in engem Austausch stand. Der Habitus des Einzelnen sei das Ergebnis seiner Erfahrungen in der frühen Kindheit und damit seine Ausgangsdisposition, mit der er der Lebensumwelt begegne. Ein Teil dieser Begegnungen seien die Beziehungen mit Anderen. Das Leben werde individuell sowie sozial gelebt, und durch das Netzwerk von Beziehungen erreichten historische Einflüsse auch den Einzelnen. Eingewöhnung in die erste Einrichtung ist historisch eingebettet, und die aktuelle gesellschaftliche Bewertung ist Gegenstand für die Auseinandersetzung von Eltern und Fachkräften bei der frühen Aufnahme des Kindes in eine Einrichtung.

Der (Physiker und) Pädagoge *Robert Havighurst* (1948) hat den Lebenslauf als eine Abfolge von biologischen Veränderungen des Organismus (z. B. in der Pubertät), als von Veränderungen über von der Gesellschaft gestellte Aufgaben, z. B. Übergänge im Bildungssystem, und als von Zielen des Einzelnen selbst gegebenen Problemen strukturiert. Die Bewältigung dieser Probleme in der Lebensspanne bezeichnete er als Entwicklungsaufgaben. Dieser Gedanke ist in der Forschung zu Übergängen im Bildungssystem vielfach aufgegriffen worden (siehe Kap. 7).

Jérôme S. Bruner leistete wichtige Beiträge zur kognitiven Lerntheorie und zeigte die Bedeutung der Umwelt für das Lernen, d. h. für die Entwicklung des Denkens und Sprechens. Die Menschen bilden danach Konzepte, um die Umwelt zu vereinfachen und herauszufinden, wie sie sich in dieser verhalten sollen. Bruner sah als zentrales psychologisches Konzept »Bedeutung« oder »Sinn« an, welche aus der Fülle physikalischer Sinneseindrücke konstruiert werden. Die Bedeutung des Selbst im Kontext der Kultur könne nur über die Symbolwelt erklärt werden, die die Grundlage menschlicher Kultur bilde (Bruner, 1990). Bruners Lerntheorie mit dem entdeckenden Lernen verweist auf den Konstruktivismus. Wesentlicher Bestandteil sind die unterschiedlichen Perspektiven der Beteiligten, die aufeinander bezogen werden müssen. Das ist auch bei dem Eintritt in die Krippe oder die KiTa relevant.

Erik H. Erikson (1959) erarbeitete seinen psychologischen Begriff der Entwicklung des Selbst anhand der Interaktion von Ich und Gesellschaft als Bewältigung von Krisen. Krisen können entwicklungsbedingt »von innen« auftreten wie in der Pubertät oder als bestimmende Lebensereignisse »von außen«. Krisen in biographischen Wandlungsprozessen bedeuten in seinem Modell Verletzlichkeit sowie Potenzial des Einzelnen, eingebettet in den sozialen Zusammenhang innerhalb eines insgesamt als vorgegeben vorausgesetzten Lebenszyklus' der Entwicklung. Innerer Aufruhr als Begleiterscheinung von Konfrontation mit Veränderungen mobilisiert Abwehrmechanismen und Problemlösefertigkeiten, die zu einer angemessenen Anpassung an die neue Situation führen. *Uri Bronfenbrenner (1989)* hat eine systemorientierte Sichtweise der Familie entworfen und betont, dass Entwicklung in der Auseinandersetzung mit Umgebungseinflüssen stattfindet. Die Familie wird in Verbindung mit den umgebenden Systemen, etwa dem sozialen Netz oder der Arbeitswelt, gesehen. Die Einflüsse von sozialen Systemen können direkt oder vermittelt sein (Bronfenbrenner 1989). Der Eintritt in eine Einrichtung außerhalb der Familie wird von ihm als ökologischer Übergang verstanden (siehe Kap. 7). Pädagogisch wichtig wurde die Beteiligung Bronfenbrenners an der Gründung der Head-Start-Programme in der Frühpädagogik. Der ökopsychologische Ansatz ist sehr fruchtbar in der internationalen Forschung zu Übergängen im Bildungssystem geworden.

Die Bewältigung von Lebensereignissen behandelte der Psychiater *Parkes* (1971) als psychosoziale Transitionen, bei der der Einzelne sich an bedeutende Veränderungen, die länger anhalten werden, anpassen muss und die zudem seine Orientierung in der Welt verändern werden. Er ging dabei von einem Stressbegriff aus, der noch einer theoretischen Grundlegung bedurfte und brachte Forschung über Stress in Verbindung mit Forschung über Verluste. Hier besteht eine Verbindung zur Bindungstheorie von Bowlby und dessen Erklärung von kindlichen Reaktionen auf Trennung von Bindungspersonen. Forschung über Krisen, die sowohl Hindernisse als auch Unterstützung für die Entwicklung des Einzelnen bedeuten können, betrachtete Parkes ebenfalls relativ unspezifisch, weil eine theoretische Unterlegung kritischer Lebensereignisse noch nicht vorlag. Zentral in seiner Arbeit war die Konzeptualisierung von Transitionen als eine Bewältigung von Veränderungen durch den Einzelnen. Diese sind nach Parkes immer auch Veränderungen in der »angenommenen Welt«, also dem »inneren Arbeitsmodell« hinsichtlich seiner Lebensführung und Interpretation der Zusammenhänge. Über die Erfahrungen mit Beziehungen mit den Eltern hinaus lässt sich vorstellen, welche Veränderungen in der »angenommenen Welt« ein Kind erfährt, das aus dem vertrauten Familienleben für bestimmte Zeiten des Tages in die Lebensumwelt der Krippe eintritt.

Veränderungen im Lebensumfeld lassen sich im Zusammenhang mit der Entwicklung über die Lebensspanne als kritische Lebensereignisse betrachten (Filipp 1995). Ein kritisches Lebensereignis muss keine Belastung sein, sondern kann auch die Entwicklung fördern (Olbrich 1995). Diese Perspektive steht in Verbindung mit der ökopsychologischen Theorie und der Stresstheorie (siehe Kap. 7).

Die interaktionale Stresstheorie (Lazarus, 1995) liefert einen Rahmen für die Erklärung von Belastungsreaktionen bei Veränderungen im Lebenslauf. Danach sind Überlastungsreaktionen vermeidbar, wenn Veränderungen im Lebensumfeld gering gehalten und wenn sie vorhersehbar und kontrollierbar gestaltet werden. Zudem ist die motivationale Ebene – Vorfreude oder Ängste in Bezug auf bevorstehende Veränderungen – mit zu berücksichtigen (siehe Kap. 7).

In einer Synthese aus der ökopsychologischen Theorie, der Stresstheorie und der Theorie kritischer Lebensereignisse wurde das Familien-Transitions-Modell von *Philipp Cowan* (1991) entworfen. Ihm geht es um die Perspektive aller Beteiligten, die Anhäufung von Belastungsfaktoren und deren Bewältigung mittels Transitionskompetenzen (siehe Kap. 7). Cowan, Cowan, Schulz & Heming (1994) haben längsschnittlich den Einfluss von familialen Faktoren auf die Anpassung an den amerikanischen »kindergarten« untersucht.

Nach *Lew S. Wygotski* verläuft die kindliche Entwicklung in relativ stabilen Phasen, auf die Entwicklungskrisen folgen, bei denen starke Veränderungen in Bewusstseinsstruktur und Verhalten auftreten. Diese Entwicklungskrisen können als Transitionen von einer Entwicklungsphase in die nächste verstanden werden (Wygotski, 1987). Dabei verläuft die Entwicklung nicht autonom, sondern in den soziokulturellen Kontext eingebettet. Veränderungen treten in Interaktionen mit hinsichtlich einzelner Kompetenzen bereits weiter entwickelten Personen auf, das Kind internalisiert diese Interaktionserfahrungen. Dies geschieht insbesondere beim Spracherwerb und der damit verbundenen Entwicklung des Denkens. Das Kind nimmt Anregungen aus seiner Umgebung nicht passiv auf, sondern reproduziert aktiv und kreativ; damit wird kulturelles Wissen mit seiner Umgebung gemeinsam konstruiert. Bei der Erweiterung des kindlichen Lebensraumes mit dem Eintritt in eine Einrichtung geht es im Umgang mit dem Kind damit auch um die Reflektion kultureller Erwartungen und Denkweisen. Diese sind zugleich Thema für die Verständigung und die Zusammenarbeit mit den Eltern. Unter diesem Gesichtspunkt kommt zudem der Mehrsprachigkeit von Kindern bzw. ihren Familien eine große Bedeutung zu (Kieferle, 2012). Das Kind erweitert sein Verstehen in der neuen Umgebung wesentlich über Interaktionen mit Kindern, die älter und vertrauter mit dieser sind. Wygotski kann als Wegbereiter des sozialen Konstruktivismus verstanden werden. In einer sozio-konstruktivistischen Perspektive ist eine Transition ein Prozess von Ko-Konstruktion durch Kommunikation und Partizipation (Valsiner 1994) (siehe Kap. 7).

Die Bindungstheorie von *John Bowlby* ist eine Theorie zur Entwicklung der Persönlichkeit in Auseinandersetzung mit den wichtigsten Beziehungserfahrungen mit Erwachsenen. Ein biologisch angelegtes Verhaltenssystem richtet sich auf die Reduzierung von Stress bei Gefahr, Schmerz, Müdigkeit und Trennung, indem das Kind die Nähe der Bindungsperson aufsucht und sich von ihr, deren Fürsorge- und Pflegeverhalten ebenfalls biologisch angelegt ist, beruhigen lässt. Das »innere Arbeitsmodell« von Beziehungen bildet die im Gedächtnis gespeicherten Erfahrungen mit Verunsicherung und Rückversicherung ab, stellt also die Stressreduktion und die gefühlte Sicherheit in den Mittelpunkt (Ahnert, 2010). Unterschiedliche Muster von Bindungsverhalten und daraus abgeleitete Qualitäten von Bindungssicherheit sind von Ainsworth,

Blehar, Waters & Wall (1978) identifiziert worden. Die »angenommene Welt« im Sinne von Parkes (1971) ist demgegenüber bereits konzeptionell weiter gefasst; Reaktionsabfolgen bei Verlusten, die auch Bowlby (1983) thematisiert, weitet Parkes zu einer allgemeineren Transitionstheorie aus. Ähnlichkeiten der Theorie Bowlbys mit der von Parkes erklären sich auch daraus, dass beide aus der Psychoanalyse kamen und zeitweise eng zusammengearbeitet haben (Bretherton, 1992). Dem Sicherheitssystem gegenüber steht nach der Bindungstheorie der kindliche Explorationsdrang, bei dem es sich von der Bindungsperson weg seiner Lebensumwelt zuwendet, wenn es nicht beunruhigt ist. Die Bindungstheorie stellt damit Verbindungen der Beziehungserfahrungen des Kindes zu seinem Lernen her. Ebenso wird die Bindungsqualität in Verbindung gebracht mit der Anpassung an eine neue Lebensumwelt wie die Kindertageseinrichtung, die in großem Umfang neue Erfahrungen mit sozialen Beziehungen betrifft. Beller (2002), der die Bindungstheorie vertritt, spricht in diesem Zusammenhang von »Veränderungsstress« – ein gegenüber reinem Trennungsstress erweitertes Konzept von Belastung, wenn auch wie bei Bowlby keine Bezüge zur Stressforschung im engeren Sinne hergestellt werden. Das Auftreten starker Gefühle, die reguliert werden müssen, thematisiert bereits Erikson (s. o.) für Entwicklungsübergänge. Die Bindungstheorie ist keine Übergangstheorie, die Veränderungen in den Erfahrungen in den Mittelpunkt stellt – mit Ausnahme des Verlusts von Beziehungspersonen –, hat aber eine überragende Bedeutung für den ersten Übergang in eine Form institutioneller Betreuung, Erziehung und Bildung gewonnen (siehe Kap. 6).

4.3 Aktuelle Transitionskonzepte und empirische Befunde

Die »klassischen« Übergangstheorien sind international zumeist für den Wechsel ins formale Schulsystem verwendet worden. Für den Eintritt in den Kindergarten sind daneben auch Konzepte, die Merkmale der kindlichen Persönlichkeit und Entwicklung thematisieren, herangezogen worden (vgl. Griebel, 2008; Niesel & Griebel, 2000).

Temperament: Temperamentsbedingte Verhaltensweisen von Kindern sind bereits früh unterscheidbar und lassen sich als »einfaches Kind«, »langsam auftauendes Kind« und »schwieriges Kind« (Wolfram, 1997) umschreiben. Die Anpassung an neue Menschen in einer neuen Umgebung kann dann entsprechend akzentuiert sein und erfordern, dass Eigenschaften des Kindes akzeptiert und zur Erleichterung der »Passung« differenzierte Unterstützung angeboten wird (Lerner, 1984; Mobley & Pullis, 1991; Viernickel & Lee, 2004).

Entwicklungsstufen nach Eriksson: Nach der Entwicklung eines Urvertrauens gehört eine gewisse Loslösung von den primären Bezugspersonen ab einem gewissen Alter zu den kindlichen Entwicklungskrisen (Peukert, 1981). Die Frage ist, ob sich diese Individuationsprozesse an einem bestimmten Alter festmachen lassen, und wie heterogene Erfahrungen von Kindern mit außerfamilialer Betreuung, Erziehung und Bildung pädagogisch sich darauf auswirken.

Eintritt in die KiTa als Stressor: Kindliche Belastungsreaktionen und Bedingungen für ihr Auftreten ließen sich in einer Studie von Haefele & Wolf-Filsinger (1994) mit dem Stressmodell in einen Zusammenhang bringen. Danach erhöhten sowohl Desinteresse für das Erleben des Kindes, Überbehütung als auch inkonsequenter Erziehungsstil die Belastung für die Kinder beim Übergang in den Kindergarten. Das wirft Fragen nach der Passung der Erziehung des Kindes in der Familie und den Anforderungen in der Institution und deren Abstimmung auf.

Übergang in den Kindergarten als kritisches Lebensereignis: Veränderungen beim Eintritt in den Kindergarten, Art und Ausmaß von Belastungen, Verlauf der Anpassung und Bedingungsfaktoren sowie die Bedeutung unterschiedlicher Bewältigungsstrategien wurden bei 60 Kindern untersucht (Beelmann, 2006). Gefunden wurden unterschiedliche Anpassungsverläufe von Kindern: Ein Drittel blieb auf einem niedrigen Niveau der Maße für Störungen; ein knappes Drittel wies Anpassungsstörungen auf, die sich zu verfestigen drohten (»Risikokinder«), ein Sechstel zeigte sogar eine Zunahme an Störungen beim Übergang (»Übergangsverlierer«), und dem letzten Sechstel der Kinder ging es nach dem Übergang besser als vorher (»Übergangsgewinner«). Die Begrifflichkeit verweist auf das theoretische Modell mit Chancen und Risiken einer Krise. Aufschlussreich ist der Befund, dass aktives Problemlösen als Bewältigungsstrategie erfolgreicher war als Ausgleich emotionaler Beunruhigung (vgl. Lohaus, Klein-Hessling, Shebar, 1997). Im Ergebnis wurde ein stärkerer Einbezug der Eltern bei der Gestaltung des Übergangs empfohlen.

Bindungsqualität als Faktor beim Übergang in die KiTa: Als bindungssicher klassifizierte Kinder zeigten vergleichsweise höhere soziale Kompetenz beim Spielen und in Konflikten und ein höheres Selbstwertgefühl, sie waren bei anderen Kindern beliebter (Süß, 1987). Bei drei- bis vierjährigen Kindern wurde in den ersten beiden Wochen im Kindergarten gefunden, dass eine unproblematische Eingewöhnung, vorangegangene Erfahrung mit »Fremdbetreuung« (z. B. Besuch einer Kinderkrippe), hilfsbereites Verhalten gegenüber anderen Kindern und Beliebtheit bei diesen mit einer sicheren Bindung an die Hauptbezugsperson zusammenhing (Zweyer & Gloger-Tippelt, 2003). Angesichts wohl kulturell bedingter sehr unterschiedlicher Anteile von Kindern, bei denen sichere Bindung oder eine Form unsicherer Bindung bei Stichproben in mehreren Gesellschaften gefunden wurden (Fthenakis, 1985), stellt sich die Frage, wie man pädagogisch mit den als bindungsunsicher eingeschätzten Kindern umgehen soll – zumal eine gesicherte Feststellung der Bindungsqualität äußerst aufwändig ist.

Das Transitionsmodell für Bildungsübergänge (Griebel & Niesel, 2013) geht beim Eintritt in die Kindertagesstätte von Veränderungen auf den Ebenen des Einzelnen, der Beziehungen und der Lebensumwelten aus. Das Kind, aber auch seine Eltern setzen sich aktiv mit diesen Entwicklungsaufgaben auseinander. Fachkräfte und das soziale Netz moderieren die Bewältigung. Eltern unterstützen nicht nur ihre Kinder, sondern machen auch selbst einen Übergang zu Eltern eines Kindes in der KiTa durch. Dieser Prozess beginnt vor dem Eintritt in den Kindergarten und dauert unterschiedlich lange, bis das Kind und seine Eltern in der Einrichtung »angekommen« sind. Verhaltensweisen des Kindes werden als Übergangsreaktionen verstanden; wenn zurückgezogenes oder ausagierendes Verhalten nicht abklingt, wird nach weiteren Bedingungen gesucht. Eine empirische Überprüfung des Übergangskonzeptes im Bildungsbereich zeigte, dass das Transitionskonzept geeignet ist, Anforderungen und die damit verbundenen Erfahrungen von Kindern und deren Eltern beim Eintritt in den Kindergarten darzustellen und für die Praxis aufzubereiten (Niesel & Griebel, 2000).

> **Anregung zur Reflexion**
> (a) Stellen Sie sich ein unproblematisches Verhalten eines Kindes dabei vor, wie es sich in die KiTa als neue Umgebung einlebt. Jetzt betrachten Sie die genannten theoretischen Ansätze einzeln und versuchen Sie, in der Logik der einzelnen Theorien zu argumentieren:
> In welche Richtung gehen jeweils Ihre Vermutungen hinsichtlich der Erziehungserfahrungen des Kindes in seiner Familie? Was erwarten Sie für die Zusammenarbeit mit den Eltern des Kindes?

(b) Stellen Sie sich ein schwieriges Verhalten des Kindes beim Einleben in die neue Umgebung vor. Betrachten Sie wiederum einzeln die genannten theoretischen Ansätze. In welche Richtung gehen Ihre Vermutungen über die Erziehungserfahrungen des Kindes in seiner Familie? Was erwarten Sie für die Zusammenarbeit mit den Eltern des Kindes?

(c) Wie würden Sie bezogen auf die jeweiligen theoretischen Ansätze eine gezielte Stärkung des Kindes planen?

5

Der Übergang von der Familie in eine Tagesbetreuung, nicht nur mit Kindern bis drei

Wenn Kinder vor Vollendung ihres dritten Lebensjahres in eine Kindertageseinrichtung, also in eine Kinderkrippe, in eine KiTa mit erweiterter Altersmischung oder bei einer Tagesmutter aufgenommen werden, gehört die Orientierung an erprobten Eingewöhnungsmodellen zu den Qualitätsstandards (siehe Kap. 1.5). Am bekanntesten sind das »Berliner Modell« und das »Münchner Modell«. Von beiden Modellen gibt es eine Vielzahl von Abwandlungen, die Kindertageseinrichtungen passend zu ihrer jeweiligen Situation entwickelt haben. Das ist insofern berechtigt, als beide

Modelle nicht als Rezepte zu verstehen sind, die es abzuarbeiten gilt. Entscheidend ist, dass die theoretischen Grundlagen verstanden werden, in der Planung und Durchführung vor Ort berücksichtigt und fachlich richtig umgesetzt werden.

Beide Modelle haben eine gemeinsame Geschichte, die 1978 in Berlin am Lehrstuhl von Kuno Beller begann (Winner, 2010). Theoretische Grundlagen des »Berliner Modell der Kleinkindforschung« waren schon damals: Das Bild des kompetenten Säuglings, eine positive Einstellung zu außerfamilialen Betreuung, Bildung und Erziehung von Kleinkindern, die Beachtung der Beziehungen der Kinder untereinander, Entwicklungsförderung durch intensive Beobachtung und die Individualisierung von Erfahrungsangeboten sowie eine gleichberechtigte Zusammenarbeit mit den Eltern, der eine große Bedeutung zugemessen wurde (ebd., S. 129). 1987 endete die Zusammenarbeit von Kuno Beller und Hans-Joachim Laewen, der gemeinsam mit Beate Andres das Institut für angewandte Sozialisationsforschung e. V. (INFANS) gründete, an dem das bindungstheoretisch fundierte INFANS-Modell (»Berliner Modell«) entwickelt wurde. Kuno Beller entwickelte und evaluierte in dem Projekt »Familie und Krippe« (1987–1991), einer Qualifizierungsmaßnahme für das Personal der Münchner Kinderkrippen, das ökopsychologisch begründete »Münchner Modell«, das bis heute in der Rahmenkonzeption für Kinderkrippen der Landeshauptstadt München (2008) verankert ist.

5.1 Trennungsangst und Stresserleben

Die Trennung eines Kindes von seinen Eltern gilt als der wichtigste Stressor in der frühen Kindheit. Kleinkinder sind selbst in einer völlig fremden Umgebung wenig irritiert und ängstlich, solange die Eltern dabei sind. Ein wesentlicher Grund für die unverzichtbare Anwesenheit einer Bindungsperson während der Eingewöhnung ist, dass junge Kinder für die Regulation ihrer Emotionen und für die Stressbewältigung auf die Unterstützung einer Bindungspersonen oder einer vertrauten Bezugspersonen, wie z. B. der Tagesmutter (Niesel, 2014) angewiesen sind. Während Säuglinge ganz überwiegend bei der Regulierung ihres Erregungsniveaus auf Erwachsene angewiesen sind, beginnt ab ungefähr dem 6. Lebensmonat eine wechselseitige Abstimmung. Gegen Ende des ersten Lebensjahres erkennen Kinder zunehmend den Zusammenhang zwischen Gefühl und Gefühlsanlass und regulieren ihre Emotionen durch soziale Rückversicherung. D. h., das Kind entnimmt z. B. dem Gesichtsausdruck oder der Gestik der Bezugsperson Hinweise für seine Bewertung einer Situation und leitet daraus die eigenen Gefühls- und Verhaltensreaktionen ab. Ungefähr ab dem 3. Lebensjahr nimmt das Kind nicht mehr nur Bezug auf den Gefühlsausdruck der Bezugsperson, sondern es reguliert seine Gefühle zunehmend auch selbst, etwa durch die Ablenkung mit einem Spielzeug (Becker-Stoll et al., 2014, S. 42–47). Dieser Entwicklungsverlauf verdeutlicht, dass auch Kinder, die bereits drei Jahre alt sind und als Kindergartenanfänger den Übergang bewältigen müssen, nicht in jedem Fall auf die Begleitung durch vertraute Bezugspersonen verzichten können.

5.2 Der Einfluss der Bindungstheorie

Die Bindungstheorie (siehe Kap. 4) ist eine der einflussreichsten psychologischen Theorien in der zweiten Hälfte des 20. Jahrhunderts (im Überblick Grossmann & Grossmann, 2012). Der britische Psychoanalytiker John Bowlby (1907–1990) entwickelte seine Theorie auf der Basis ethologischer Konzepte wie »Instinkt« und »Prägung«. Die Mutter-Kind-Beziehung sei eine natürliche Dyade, die von der Evolution durch instinktives Verhalten auf der einen

5.2 Der Einfluss der Bindungstheorie

Seite (des Kindes) und instinktive Reaktionen auf der anderen Seite (der Mutter) aktiviert werde. Durch die ausschließliche Betonung der mütterlichen Verantwortung für das Wohlergehen des Kindes (siehe Kap. 1) trugen Bowlbys Botschaften wahrscheinlich zu einer Stabilisierung der Geschlechterrollen in einigen Ländern nach dem Zweiten Weltkrieg bei (Vicedo 2013). Seit den 1970er Jahren ist die absolute Vormachtstellung der Mütter im Leben ihrer Kinder – deren Kehrseite die Schuld der Mütter war, wenn Entwicklungsstörungen auftraten – nicht länger aufrechtzuerhalten. Bindung wird heute nicht mehr als prägender Vorgang, d. h. als ein Geschehen ohne Beteiligung von Lernerfahrungen, betrachtet. Weitere Forschungsbefunde trugen dazu bei, dass sich die Bindungsforschung von der Exklusivität der Mutterrolle der multiperspektivischen Analyse der gesamten Beziehungskonstellation von Kindern zuwandte (Drieschner, 2011). Die Vater-Kind-Bindung, die von der klassischen Bindungsforschung vernachlässigt worden war (Fthenakis, 1985), zeigt durch das spezifische väterliche Fürsorgeverhalten eine eigene, für die Entwicklung der Kinder sehr wichtige Qualität: gewährendes und herausforderndes Spiel. Heute belegt die Bindungsforschung, dass mehrere eigenständige Bindungen im Leben von jungen Kindern möglich sind (siehe Abschnitt 2.4.2).

Die starke Einfluss der Bindungsforschung hat zwar ein konservatives Mutterbild gestärkt, die Bindungsforschung hat jedoch auch maßgeblich zu einem Qualitätsmerkmal der Pädagogik der ersten Lebensjahre beitragen: Eine Eingewöhnung, die elternbegleitet, bezugspersonenorientiert und abschiedsbewusst durchgeführt wird (Haug-Schnabel & Bensel 2006). *Elternbegleitet* heißt, dass das Kind in Anwesenheit und Begleitung seiner Bindungsperson die fremde Umgebung der Kindertageseinrichtung und seine Bezugserzieherin kennenlernen kann. Mutter, Vater oder eine andere vertraute Bezugsperson dienen dem Kind als »sichere Basis«, von der aus es dieses neue Umfeld erkunden kann. Die Bezugserzieherin widmet sich in der Eingewöhnungsphase ganz dem neuen Kind und versucht, eine vertrauensvolle Beziehung zu ihm aufzubauen, so dass sie allmählich selbst zu einer sicheren Basis für das Kind wird (*bezugspersonenorientiert*). Es gibt einen klaren Abschied, wenn sich das Kind in einer entspannten Situation befindet und kein unbemerktes Weggehen, wenn das Kind abgelenkt ist, so dass bald ein verinnerlichtes Vertrauen auf die Rückkehr der Mutter oder des Vaters entsteht (*abschiedsbetont*).

5.3 Bindungstheoretisch oder ökopsychologisch begründet?

Sowohl im Berliner als auch im Münchner Eingewöhnungsmodell baut jedes Kind während der ersten Tage in der Begleitung einer Bindungsperson eine Beziehung zu einer Bezugserzieherin auf, so dass im fortgeschrittenen Eingewöhnungsprozess eine zeitweise Trennung von Mutter oder Vater oder auch einer anderen vertrauten Bindungs-/oder Bezugsperson mit deutlich reduziertem Trennungsstress möglich wird. In beiden Modellen sind die Eltern zunächst diejenigen, die ihr Kind wickeln und füttern, bis das Kind bereit ist, diese sehr persönlichen Handlungen auch durch eine neue Person in seinem Leben entspannt und freudvoll zuzulassen.

Beide Modelle haben zudem ein gemeinsames Ziel: Stressreduzierung für das Kind und damit auch für die Eltern und die Fachkräfte. Allerdings gibt es bindungstheoretisch oder ökopsychologisch begründet unterschiedliche pädagogische Vorgehensweisen. Winner (2010) fasst Unterschiede und Gemeinsamkeiten der »reinen« Modellformen tabellarisch zusammen, und an einem Detail, der Reihenfolge der Eingewöhnungsphasen, lässt sich ein entscheidender Unterschied erkennen. Berliner Modell: Sicherheit – Kennenlernen – Vertrauen. Münchner Modell: Kennenlernen – Sicherheit – Vertrauen.

5.3 Bindungstheoretisch oder ökopsychologisch begründet?

Anhand der beiden Eingewöhnungsmodelle lässt sich zeigen, wie eng der Zusammenhang zwischen der theoretischen Fundierung und der praktischen pädagogischen Arbeit ist: Theoriebewusstsein ist die Basis guter praktischer Arbeit (siehe Kap. 4).

5.3.1 Die Bindungstheorie und das »Berliner Modell«

Das aus der Bindungstheorie abgeleitete pädagogische Handeln (Laewen, Andres & Hédervári-Heller, 2012, 2013) im »Berliner Eingewöhnungsmodell« hat die Konstruktion eines Beziehungsdreiecks zum Ziel. In der Regel »werden seine ›Ecken‹ [...] durch das Kind, seine Mutter und die Erzieherin gebildet. Die ›Seitenlinien‹ repräsentieren die Bindungsbeziehungen des Kindes zu Mutter und Erzieherin bzw. die Beziehung zwischen Erzieherin und Mutter« (Laewen u. a., 2013, S. 92). Der Beziehung zwischen Erzieherin und Mutter wird für das Wohlergehen des Kindes besondere Bedeutung beigemessen.

Die ersten Begegnungen des Kindes mit der Bezugserzieherin findet in einem geschützten Rahmen, idealerweise in einem separaten Raum für etwa eine Stunde statt. Die Erfahrung von Sicherheit wird dem Kennenlernen der neuen Umgebung vorangestellt. Die Mutter nimmt eine eher beobachtende Position ein, fungiert als »sicherer Hafen« (vgl. Suess, 2011), in den Kind jederzeit zurückkehren kann. Am 4. Tag kommt es zu einer ersten Trennung. Vom Verhalten des Kindes hängt es nun ab, wie lange diese dauern kann: wenige Minuten, wenn das Kind sehr verstört reagiert, oder auch 30 Minuten, wenn es gelassen zu reagieren scheint. Die Erzieherin beobachtet aufmerksam, wie das Kind auf die Rückkehr der Mutter reagiert, und schätzt die Bindungsqualität zwischen Mutter und Kind ein. Nach dieser Einschätzung wird auch der Zeitraum für die Eingewöhnung geplant: wird eine sichere Mutter-Kind-Bindung angenommen (das Kind zeigt deutlichen Trennungsschmerz und lässt sich durch den Körperkontakt mit der zurückgekehrten Mutter beruhigen), wird ein längerer

Prozess eingeplant. Verhält sich das Kind eher auf Abstand oder gar vermeidend gegenüber der Mutter, wird eine kürzere Eingewöhnung empfohlen.

Im Berliner Modell liegt der Fokus zunächst auf der Erzieherin-Kind-Beziehung und der Entwicklung der »sichern Basis«, von der aus das Kind dann die anderen Kinder und anderen Personen kennenlernt.

5.3.2 Der ökopsychologische Ansatz und das Münchner Modell

Der ökopsychologische Ansatz geht zurück auf die Theorie von Uri Bronfenbrenner (1917–2005), der Entwicklung als Interaktion zwischen dem Einzelnen und seiner sozialen Umgebung beschrieb. Nach seiner Theorie beeinflusst das Verhalten jedes einzelnen Mitglieds das Verhalten aller anderen Mitglieder innerhalb eines Systems (siehe Kap. 4).

Die Kindertageseinrichtung, in die das Kind eintritt, wird – neben dem Mikrosystem Familie – zum sekundären Entwicklungskontext und damit für das Kind ebenfalls zum Mikrosystem. Wichtig für die Entwicklung des Kindes ist nach diesem Ansatz, dass die verschiedenen Systeme miteinander vereinbar sind.

Ökopsychologisch konsequent wird jeder Abschnitt des Eingewöhnungsprozesses nicht nur in seiner Bedeutung für das Kind und seine Eltern, sondern auch für die Kindergruppe und für das Personal durchdacht und gestaltet. Beller (2002) setzt auf die »Unterstützung der aktiven Auseinandersetzung mit Veränderungsstress« und betont stressreduzierende Maßnahmen, die es den Beteiligten erlauben, sich aktiv mit der neuen Situation auseinanderzusetzen und »die Eigeninitiative des Kindes an die Stelle seiner von Trennungsangst ausgelösten und passiven Haltung treten lässt« (ebd. S. 2)

Die Eingewöhnung findet zunächst am Rande des Gruppenalltags statt, dabei wird den Kindern der aufnehmenden Gruppe eine aktive Rolle zugestanden. Kind und Mutter oder Vater sollen den KiTa-Alltag in seiner Gesamtheit kennenlernen, Routinen erfahren, alle Beteiligten nach und nach kennenlernen, indem sie gemeinsam mehrere Stunden in der Einrichtung verbringen. Das Kennenlernen des Neuen von Anfang an geht der Erfahrung von Sicherheit in neuen Beziehungen voraus. Die erste Trennung findet nicht vor dem sechsten Tag, der kein Montag sein soll, statt. Sie darf nicht zu kurz sein, damit das Kind die Möglichkeit bekommt, mit seinen Gefühlen umzugehen und mit Hilfe der Bezugserzieherin wieder ins Gleichgewicht zu kommen, sich von ihr trösten und beruhigen zu lassen. Die Trennungsübung soll für das Kind aber auch überschaubar sein, so dass es erfahren kann, dass Mutter oder Vater zuverlässig wiederkommen.

Die »alten« Kinder werden aktiv in die Eingewöhnung einbezogen, weil sich auch für sie einiges mit dem Eintritt der neuen Kinder in ihr soziales Umfeld ändert. Während fremde Erwachsene für Babys und Kleinkinder häufig Angst auslösend sind und Kinder die Nähe der Bindungsperson suchen lassen, geschieht dieses Verhalten im Kontakt mit anderen Kindern kaum. Diese Erkenntnis hat Beller (2002) umgesetzt, der während der Eingewöhnung die Stressreduzierung für das Kind durch andere Kinder betont. Bereits erfahrene Kinder, die sich ganz selbstverständlich bewegen und angstfrei verhalten, können als unterstützende und stressreduzierende Vorbilder wirken und die »alten« Kinder lernen das neue Kind von Anfang an kennen, und auch seine Eltern werden als neue Mitglieder der Gemeinschaft Kindertageseinrichtung von Anfang anerkannt (Winner & Erndt-Doll, 2009; Winner, 2010).

Untersuchungen dazu, welches Modell »besser« ist, sind nicht bekannt. Zu bedenken ist, dass die Modelle häufig nicht in ihrer reinen Form, sondern in Variationen praktiziert werden. Eine fachlich fundierte Praxis, mit der die Fachkräfte sich wohl und sicher fühlen, wird auch Kindern und Eltern Sicherheit geben. Untersuchungen belegten, dass allmählich eingewöhnte Kinder weniger krank sind und sich längerfristig besser entwickelten – trotz oder gerade wegen anfänglich vermehrter Stressäußerungen, die »erlaubt« sind und auf die Eltern und Fachkräfte angemessen reagieren (Beller, 2002; Laewen, 1989; Winner & Erndt-Doll, 2009).

Übersehen werden darf nicht, dass die Gestaltung von Übergangsprozessen immer Aufgabe des gesamten Teams ist. So brauchen z. B. die Fachkräfte, die aktuell ein Kind und seine Familie begleiten, Entlastung von anderen Anforderungen im KiTa-Alltag, die dann von Kolleginnen oder Kollegen übernommen werden müssen. Das Miterleben starker Emotionen, einfühlsame Reaktionen darauf, die Konzentration auf die Signale des Kindes während des Beziehungsaufbaus sind Beispiele für die besonderen Anforderungen, die während der Eingewöhnung seitens der Fachkräfte bestehen.

5.4 Die Bedeutung der Gruppe im Übergang zum Krippen- bzw. KiTa-Kind

Wollte man den Unterschied zwischen der Entwicklungsumgebung Familie und der Entwicklungsumgebung Kindertageseinrichtung zusammenfassen, so würde für letztere gelten: Wenige Erwachsene, viele Kinder. Kinder, die in ihrer Familie vielleicht das einzige Kind sind, befinden sich nun inmitten einer Schar gleich- oder ähnlich alter Jungen und Mädchen. Forschungsbefunde, wonach zwischen sicherer Bindungserfahrung und positiven Peer-Beziehungen ein Zusammenhang besteht (Siegler, DeLoache, Eisenberg, 2005, S. 744f), verweisen auf die große Bedeutung des Beziehungsaufbaus während der Eingewöhnung. Ein weiterer Befund bezieht sich direkt auf das Umfeld Kindertagesbetreuung: Watamura, Donzella & Gunnar (2003) konnten für Zweijährige zeigen, dass neben einer individuellen Betreuung die gelungene Integration in die Gruppenaktivitäten wichtig für ihr Wohlergehen war. Der Cortisolanstieg (ein Indikator für Stresserleben) war dann nicht auffallend, wenn Kinder gut in die Peergruppe integriert waren und gut mit den anderen Kindern spielen konnten. Es spricht einiges dafür, dass in Kindertageseinrichtungen, in denen Kinder und Erwachsene sich wohlfühlen, ein gut ausbalanciertes Verhältnis besteht zwischen der Zuwendung für jedes einzelne Kind und der Aufmerksamkeit, die auf das Geschehen insgesamt gerichtet ist. Die sicherheitgebende Beziehungen waren am ehesten in den Gruppen zu finden, in denen die Gruppenatmosphäre durch ein einfühlsames Verhalten der Erzieherinnen bestimmt wurde, das gruppenbezogen ausgerichtet war (Ahnert, Pinquart & Lamb 2006, zit. nach Ahnert 2010, S. 132). Für gute pädagogische Arbeit in Kindertageseinrichtungen ist es demnach nicht ausreichend, die Bedürfnisse des einzelnen Kindes zu sehen. Die Befriedigung dieser Bedürfnisse geschieht immer im Gruppenkontext (vgl. auch Becker-Stoll & Textor, 2007). Ein Fazit, das Forscher aus einer Analyse von Daten ziehen, die sich mit Cortisolmessungen im Speichel junger Kinder befassten (Vermeer & van Ijzeldoorn, 2006), lautet: Je mehr Zeit junge Kinder in Peergroups verbringen, desto mehr Gelegenheiten für Konflikte ergeben sich. Kinder, die noch nicht über ausreichend sprachliche, soziale und selbstregulierende Fähigkeiten verfügen, sind daher möglicherweise öfter in Situationen verwickelt, deren Ergebnis sie nicht kontrollieren können und daher als stressreich erleben. Andererseits stellen auch Konflikterfahrungen – die unter befreundeten Kindern häufiger vorkommen als unter Kindern, die nicht so häufig miteinander spielen – für junge Kinder wichtige Lernsituationen dar, die sie häufig auch alleine lösen können. Die Aufmerksamkeit der pädagogischen Fachkraft ist in diesen Situationen besonders gefordert, da sie abwägen muss: Nichteingreifen im Vertrauen auf die Kompetenzen der jungen Kinder oder Eingreifen, um die Sicherheit der Kinder zu gewährleisten und Stress zu reduzieren (Becker-Stoll et al. 2014, S. 97ff). Unabhängig davon, nach welchem Modell ein Kind seinen Übergang bewältigt, eine herausragende Aufgabe der pädagogischen Fachkräfte besteht darin, eine gute Atmosphäre zu schaffen und für eine gute Integration jedes Jungen und jedes Mädchens in die Gesamtgruppe zu sorgen.

> **Anregung zur Reflexion**
> «Recognizing and legitimizing the wide range of emotions that accompany this transition is not only basic but *essential*. Parents of very young infants have been known to burst into tears after leaving the room. ... After saying ›goodbye‹ many children cry – sometimes every day, sometimes for weeks. It is important to legitimize these feelings rather than try to distract them. Children need to know: You feel sad when your mom leaves. I will try to help you feel better. Your mom (dad, grandma, aunt) *always* comes back. Sensitive early care teachers can engage in play that enables infants and toddlers to work through their separation reactions» (Balaban 2011, S. 10).
> Versetzen Sie sich in die Rolle einer Erzieherin, in deren Einrichtung Kinder nach dem englischen Vorgehen aufgenommen werden und in die Rolle einer Erzieherin in einer Einrichtung, die sich am Berliner Modell bzw. am Münchner Modell orientiert. Welche Atmosphäre könnte in der jeweiligen Krippe/KiTa herrschen? Mit welchen Belastungen werden die Fachkräfte konfrontiert? Bedenken Sie, dass in der Regel nicht nur ein Kind aufgenommen wird.

5.5 Die Öffnung von KiTas für jüngere Kinder

Die strikte Einteilung in Krippe für Kinder bis zur Vollendung des dritten Lebensjahres und Kindergarten für Kinder ab drei Jahre bis zum Schuleintritt gilt zunehmend nicht mehr. Vermehrt öffnen sich Kindergärten und nehmen auch jüngere Kinder auf, so dass Kindertageseinrichtungen mit einer *erweiterten Altersmi-*

schung entstehen. Allerdings ist wegen der mangelnden Qualifizierung des Personals für die Pädagogik der ersten Lebensjahre (Fröhlich-Gildhoff & Viernickel, 2010) nicht immer eine Praxis der kind- und elternorientierten Eingewöhnung (Griebel, Hartmann & Thomsen, 2010) gewährleistet.

Die Ergebnisse der »Nationalen Untersuchung zur Bildung, Betreuung und Erziehung in der frühen Kindheit (NUBBEK)« (Tietze et al., 2014) zeigen, dass zweijährige Kinder in altersgemischten Gruppen eine niedrigere Prozessqualität erfahren als die Kinder, die in altershomogenen Kindergarten- oder Krippengruppen betreut werden (siehe Kap. 1.4). Als eine Ursache kann angenommen werden, dass die Fachkräfte, die bis vor kurzer Zeit mit der vertrauten Altersmischung mit Kindern im Alter von drei bis sechs Jahren gearbeitet hatten, nicht mit den bewährten Eingewöhnungsverfahren für Krippenkinder vertraut waren. Die Praxis hat gezeigt, dass es keinesfalls damit getan ist, einzelne Kinder bis drei – aus organisatorisch-administrativen oder finanziellen Gründen – in bestehende Gruppen »einzumischen« oder vereinzelte Zweijährige »mitlaufen« zu lassen. Mit der Aufnahme jüngerer Kinder gilt es, pädagogisch neu zu denken und Ansätze einer Pädagogik der erweiterten Altersmischung zu konzipieren und umzusetzen. Die individualisierte Eingewöhnung ist die Basis, von der aus sich Kindeswohl und pädagogische Qualität weiterentwickeln. Bewährte Verfahren zur Integration jüngerer Kinder in Einrichtungen mit einer erweiterten Altersmischung sind (ausführlich dazu: Nied, Niesel, Haug-Schnabel, et al, 2011):

- *Krabbelgruppe innerhalb der KiTa:* Die »Membran« zwischen Gruppe und Gesamt-KiTa erfordert sorgfältige Planung, um die beiden »Krippenerzieherinnen« nicht zu isolieren. Der Übergang in den Kindergarten erfordert möglicherweise eine zweite Eingewöhnung.
- *Zwei kooperierende Gruppen:* Zwei Gruppen nehmen einzelne Kinder bis drei auf und gestalten ihren pädagogischen Alltag in enger Zusammenarbeit. So kann der Wunsch nach gleichaltri-

gen und gleichgeschlechtlichen Spielpartnern für alle Altersgruppen, einschließlich der jüngsten Kinder, gewährleistet werden.
- *Halb offenes Konzept mit Stammgruppen:* Die Kinder spielen außerhalb ihrer Stammgruppenzeiten in Funktionsräumen. Die Jüngsten werden in diesen Zeiten anfangs in »Nestgruppen« betreut und werden, von ihrer Bezugserzieherin begleitet, langsam mit den weiteren Spiel- und Aktionsmöglichkeiten und mit den älteren Kindern der Einrichtung vertraut gemacht.
- *Offene Arbeit auch mit den Jüngsten:* Die »offene Arbeit« ist inzwischen weit verbreitet und zeigt gute Ergebnisse in der Prozessqualität für Kindergartenkinder (Tietze et al. 2013). Werden Kinder bis drei aufgenommen, wird die Anfangsbetreuung in einer Nestgruppe in der Regel als unerlässlich angesehen (Hédervari-Heller, 2012). Für jedes ihrer Kinder muss die Bezugserzieherin prüfen, ob und wann es in der Lage ist, sich im größeren Angebotsrahmen zu orientieren. Es kann jedoch auch ohne Nestgruppe gehen, wenn die Voraussetzungen für die jungen Kinder stimmen. Prokop (2012) beschreibt aus einer offen arbeitenden KiTa, in der sich alle Kinder frei bewegen, wie klare Strukturen durch ein System der »Raumverantwortung« der Fachkräfte entstehen. Ausgenommen sind die Erzieherinnen, die ein Kind während seiner Eingewöhnung begleiten. Sie sind immer da, wo das Kind sein möchte, d. h. auch die sich einlebenden Kinder können sich, ganz von ihrem Interesse und Bedürfnis geleitet, im Haus bewegen. Die Bezugserzieherin ist immer am Ort (Prokop, 2012).

Allen Vorgehensweisen liegt das Bemühen zugrunde, die Kleinen behutsam in die »große« KiTa einzuführen. In altersgemischten Gruppen bleiben die Beziehungen vier oder gar fünf Jahre bestehen. Es lohnt sich, zu Beginn Zeit und Energie in den Beziehungsaufbau zu investieren, um dann langfristig mit emotional ausgeglichenen, lernfreudigen Kindern und zufriedenen, für die Anliegen der Einrichtung engagierten Eltern zusammen zu arbeiten. Einrichtungen, die durch eine Alterserweiterung mit einem wissenschaftlich erprobten Eingewöhnungskonzept arbeiten, stellten fest, dass auch Kinder, die bereits den dritten Geburtstag erlebt hatten, von einer individualisierten Eingewöhnung profitieren und dieses ein Gewinn für die Gesamteinrichtung darstellt (Landeshauptstadt München, zit. nach Niesel & Wertfein, 2010, S. 45).

5.6 Übergangsgestaltung nach Vollendung des dritten Lebensjahres

Das Thema »Übergangsgestaltung von der Familie in eine KiTa für Kinder nach Vollendung des dritten Lebensjahres« ist aus der Fachliteratur und aus der empirischen Forschung weitgehend verschwunden. Niesel & Griebel (2000) beschrieben eine eher heterogene Praxis, die die Vielfalt der Kindergartenlandschaft in Deutschland mit ihren unterschiedlichen Trägern und pädagogischen Konzeptionen widerspiegelte. Die neuen Kinder wurden zumeist nacheinander oder zu zweit mit zeitlichem Abstand aufgenommen, um ihnen die Orientierung in dem neuen Umfeld zu erleichtern und dem Fachpersonal eine verstärkte Aufmerksamkeit auf die einzelnen Kindergartenanfänger zu ermöglichen. Bereits zwanzig Jahre alt ist die Arbeit von Haefele & Wolf-Filsinger (1994), die den Eintritt in den Kindergarten auf der Basis der Stresstheorie (siehe Kap. 4.2) untersucht haben. Ihre Arbeit gibt Auskunft über die Verhaltensweisen in den ersten Tagen der Orientierung, über die Eingliederungsbemühungen in den ersten Wochen und die Integration in die Gruppe in den folgenden Monaten. Das Auftreten von Verhaltensweisen wie Weinen oder Rückzug lassen sich mit dieser Theorie als Überforderungsreaktionen im Zusammenhang mit den jeweiligen Bedingungen der Eingewöhnung erklären.

Neueren Datums ist lediglich die Arbeit von Beelmann (2006). Er untersuchte den Eintritt in den Kindergarten als »normatives kritisches Lebensereignis« (siehe Kap. 4.3). Generell war der Übergang in den Kindergarten nur mit geringfügigen Belastungen verbunden. Der Prozess der Anpassung an die neuen Anforderungen war bei den meisten Kindern nach drei Monaten abgeschlossen. In der akuten Eingewöhnungs-/Eingliederungsphase waren jedoch kurzfristige Anpassungsprobleme zu beobachten (ebd., S. 192ff.). Beelmann weist auf die Notwendigkeit längsschnittlicher Untersuchungen hin, um längerfristige Entwicklungsprozesse verfolgen zu können. Möglich sei, dass sich die Wahrscheinlichkeit für Probleme bei den nachfolgenden Übergängen erhöhe, wenn bei den ersten Schwierigkeiten bestünden und diese nicht adäquat bewältigt würden. Erhöhte Bewältigungsanstrengungen könnten aber auch zum Erwerb spezifischer Kompetenzen führen mit der Folge, dass nachfolgende Übergänge besser gemeistert würden.

> **Anregung zur Reflexion**
> Welche Forschungsfrage interessiert Sie im Zusammenhang mit dem Übergang der Dreijährigen oder Vierjährigen in eine Kindertageseinrichtung? Welche theoretische Grundlage würden Sie wählen? Welches Forschungsdesign könnten Sie sich mit welchen Methoden vorstellen?

6

Bindungen, Beziehungen und Beziehungsnetzwerke in Kindertageseinrichtungen

Der Beziehungsaufbau ist eine zentrale Aufgabe im Übergangsprozess für Kinder, Eltern und pädagogische Fachkräfte. Eine Frage, die Forschung und Praxis beschäftigt, ist die, ob sich zwischen jungen Kindern und Erzieherinnen eine Bindungsbeziehung entwickelt, ja vielleicht sogar entwickeln muss, damit Kinder keinen Schaden nehmen. Oder sind Bindungsbeziehungen dem Familienkontext vorbehalten?

Exemplarisch lässt sich die Diskussion an einem Beitrag von Anna Winner (2013) und der Antwort von Éva Hédervári-Heller und Annette Dreier (2013) aufzeigen. Die Titel »Alles Bindung – oder was? Zu Risiken und Nebenwirkungen eines Modebegriffs« (Winner) und »Ohne Bindung geht es nicht!« (Hédervári-Heller & Dreier) lassen den Tenor der Inhalte bereits erkennen. Winner kritisiert eine beliebig erscheinende Verwendung des Bindungsbegriffs, so dass »Bindung« und »Beziehung« wie austauschbare Synonyme erscheinen. Sie betont die Exklusivität der Eltern-Kind-Beziehungen als Bindungen und die Notwendigkeit einer klaren »Rollenbotschaft« in der professionellen Erzieherin-Kind-Beziehung, die dem Kind Sicherheit gibt, und plädiert für eine »vertrauensvolle, wertschätzende Beziehung«, die bindungstheoretisch begründete Begriffe wie primäre Bindungen und sekundäre Bindungen oder Bindungshierarchien nicht benötigt, da »Kleinkinder .... vielfältige und qualitativ unterschiedliche Beziehungen (erleben)«. Winner warnt gar vor Gefahren, wenn pädagogische Fachkräfte »ihre Bedürfnisse nach Nähe zu dem Kind dem Kind überstülpen«.

Hédervári-Heller und Dreier argumentieren dagegen, dass Stresssituationen – wie der Eintritt in die KiTa – nicht bewältigt werden können, wenn Kinder nicht genügend Zeit zum Aufbau neuer Bindungen bekommen, was ihrem biologisch verankertem Bedürfnis entspreche. Erwachsene begegnen diesem Bedürfnis mit ebenfalls biologisch festgelegtem, feinfühligem Pflegeverhalten. »Bietet sich die Bezieherin als Bindungsperson nämlich nicht an, kann es [das Kind] sein Grundbedürfnis nach emotionaler Bindung nicht befriedigen ... Es entsteht eine unsichere oder desorganisierte Bindung: das Kind ist unzufrieden und fühlt sich nicht wohl.« Die Autorinnen definieren Bindung »als eine besondere Form der Beziehung, die über längere Zeiträume und in verschiedenen Situationen bestehen bleibt ... Bindungen haben tiefe emotionale Wurzeln, denn sie bleiben ein Leben lang bedeutsam«. Die Konsequenz: »Schon in der Ausbildung müssen künftige Kita-Pädagoginnen und -pädagogen darauf vorbereitet werden, sich als Bindungsperson für Kinder zur Verfügung zu stellen, Bindungsverhalten bei Kindern [zu] erkennen [und] angemessen darauf [zu] reagieren ....« (Hédervári & Dreier, 2013, o. S.).

Einigkeit besteht bei den Verfasserinnen beider Artikel darin, dass Kinder Sicherheit in ihren Beziehungen in der KiTa brauchen, um aktiv ihre Umwelt zu erkunden (explorieren), d. h. sich auf Lernprozesse einlassen zu können.

6.1 Die Kind-Erzieherin-Beziehung vom Kind aus gesehen

Der Beziehungsaufbau in der Kindertagesbetreuung wird in der Fachliteratur in der Regel ausgehend vom (Bindungs-)bedürfnis des Kindes beschrieben. Sie brauchen die »sichere Basis«, von der aus sie starten können, die zum »sicheren Hafen« wird, zu dem sie zurückkehren können, wenn sie sich überfordert fühlen (Suess, 2011, S. 14; Becker-Stoll et al., 2014, S. 39). Suess führt weiter aus (S. 21), dass es die »Entscheidung« des Kindes sei – und nicht die der erwachsenen Person – sich zu binden. Je jünger die Kinder seien, desto eher werden Krippenerzieherinnen oder -erzieher aus der Perspektive des Kindes zu Bindungsfiguren. »Bei zwei- bis dreijährigen Kinder kann es jedoch sein, dass diese sich entwickelnde Beziehung zu den pädagogischen Fachkräften qualitativ gut sei, jedoch nicht in eine Bindungsbeziehung einmünde.«

Eine Erklärung liegt in der Entwicklung des Bindungsverhaltens bzw. in den Phasen der Bindungsentwicklung, in denen das Bindungsbedürfnis besonders ausgeprägt ist. Die Bindungsentwicklung erstreckt sich insgesamt über vier Phasen, die sich teilweise überlappen und fließende Übergänge aufweisen (Ainsworth 1964/2003, zitiert nach Becker-Stoll, et al., 2014, S. 34–35):

Erste Phase der »vorbereitenden Anhänglichkeit« (0–3 Monate): Das Baby zeigt Orientierung und Signale ohne Unterscheidung der Person und unterschiedslose Ansprechbarkeit auf alle Personen.

Zweite Phase der »entstehenden Bindung« (3–6 Monate): Das Baby zeigt Orientierung und Signale, die sich auf eine oder mehrere besondere Person(en) richten und differenzierende Ansprechbarkeit auf die Mutter, wobei die Ansprechbarkeit auf andere Personen fortbesteht.

Dritte Phase der »ausgeprägten Bindung« (6–12 Monate): Das Baby versucht, die Nähe zu bestimmten Personen durch Fortbewegung, Signale und Kommunikation aufrechtzuerhalten. Es zeigt jetzt eine scharf definierte Bindung an die Mutter mit auffallender Verminderung der Freundlichkeit gegenüber anderen Personen.

Vierte Phase der »zielkorrigierten Partnerschaft« (12–36 Monate): In dieser Phase entwickelt das Kind die Fähigkeit, Ziele und Pläne einer anderen Person zu verstehen und von den eigenen zu unterschieden. .... Das Kind versucht, Pläne und Absichten der Partner durch »zielkorrigiertes« Verhalten mit den eigenen Zielen in Einklang zu bringen Das bedeutet auch, dass Kinder jetzt mit kurzen Verzögerungen umgehen können.

6.2 Die Erzieherin-Kind-Beziehung von der Erzieherin aus gesehen

Dem Bindungsbedürfnis des Kindes begegnen Erwachsene in der Regel mit wohl ebenfalls genetisch verankertem, zunächst intuitivem Fürsorgeverhalten (Drieschner, 2011, S. 12). Das gilt in besonderem Maß für Eltern, aber auch für andere Personen, die intuitiv auf die Signale eines Säuglings oder Kleinkindes verbal, mimisch und gestisch und auch handelnd (z. B. indem sie ein Spielzeug anbieten) »automatisch« so zu antworten versuchen, wie es den Bedürfnissen des Kindes entspricht. Mit zunehmender Erfahrung auf beiden Seiten gelingt dieses Abstimmungsverhalten immer besser. Das intuitive Fürsorgeverhalten ist störanfällig, z. B.

6.2 Die Erzieherin-Kind-Beziehung von der Erzieherin aus gesehen

durch belastende Lebensumstände, psychische Erkrankungen oder auch belastende Arbeitsbedingungen.

Aber können Erzieherinnen in einer KiTa den Anspruch, Bindungsperson für jedes Kind zu sein, überhaupt erfüllen? Die Forschungen von Liselotte Ahnert und anderen sagen »Ja – aber!« Die Auswertung von Forschungsergebnissen zeigte, »dass Kinder eine Bindungssicherheit zu den Erzieherinnen weniger wahrscheinlich entwickeln als zu ihren Eltern« (Ahnert 2014, S. 267). Auch wenn im Sinne der Bindungstheorie bei weitem nicht jede Erzieherin-Kind-Beziehung als »sichere Bindung« bezeichnet werden konnte, so wurden doch viele bindungsähnliche Eigenschaften gefunden (Cummnings 1980, zit. nach Ahnert 2010, S. 126). Demzufolge spricht Ahnert häufig von »bindungsähnlichen Beziehungen«.

> **Anregung zur Reflexion**
> Auch in der Praxis der Tagesbetreuung spielt das intuitive Fürsorgeverhalten eine Rolle. Vielleicht liegt darin sogar bei vielen Kolleginnen und Kollegen das Motiv für einen Berufswunsch in der frühpädagogischen Praxis.
>
> Falls Sie eine berufliche Tätigkeit in einer Kindertageseinrichtung anstreben oder bereits ausüben: Welche Bilder tauchen in Ihrem Inneren auf, wenn Sie an den zukünftigen Beruf und hier speziell an die Bindungsthematik denken? Bzw. können Sie sich noch daran erinnern, wie das bei Ihnen z.Zt. der Berufsentscheidung war? Mit welchen Gefühlen sind bzw. waren diese Bilder verbunden?

Der professionelle Kontext verlangt Einfühlungsvermögen, Wärme und Herzlichkeit und die Fähigkeit, (Mit-)Gefühle in für Kinder (und Eltern) belastenden und freudigen Situationen deutlich zum Ausdruck zu bringen (Gutknecht, 2012). Eine weitere Parallele zur Familie: Es gibt Kinder, mit denen der Beziehungsaufbau leichter gelingt als mit anderen (siehe Abschnitt 6.6.3). Dennoch: Zu den Bindungsbeziehungen in der Familie gibt es deutliche Unterschiede:

- Die Beziehung zwischen Fachkraft und Kind ist immer zeitlich begrenzt, das Ende oder gar der Abbruch der Beziehung ist absehbar.
- Es gibt immer eine Vielzahl von Kindern, die kurz nacheinander (in gestaffelten Aufnahmeverfahren) bzw. gleichzeitig (im Gruppenalltag) ihre Bedürfnisse an die Fachkraft richten.
- Fachkräfte sind immer für mehrere Kinder zuständig.
- Fachkräfte können auch selber Mütter oder Väter sein. Anzunehmen ist, dass sie deutlich zwischen den Qualitäten der Beziehungen zu ihren eigenen Kindern und denen zu den Kindern unterscheiden, für die sie an ihrem Arbeitsplatz verantwortlich sind.

6.3 Der »key person approach« in Großbritannien

Im Jahre 2008 wurde in Großbritannien ein »key person approach« (eine Bezugserzieherin für jedes junge Kind) verpflichtend eingeführt (O'Connor, 2013). In Anlehnung an Bowlby soll die Beziehung den Charakter von »secondary attachment« haben, so dass diese Person Kinder im Trennungsstress trösten und als sichere Basis dienen kann. Die »key person« führt den in Großbritannien üblichen Hausbesuch (Brooker 2008) durch, um das Kind in seiner vertrauten Umgebung kennenzulernen und mit den Eltern über seine Vorlieben, Abneigungen und Gewohnheiten zu sprechen. Sie wird das Kind in den ersten Tagen begrüßen und das Kind trösten und auch in der nachfolgenden Zeit für Kontinuität im KiTa-Alltag des Kindes sorgen (O'Connor 2013, 94 ff). Dieser Ansatz ist jedoch nicht nur auf Zustimmung gestoßen. Eine Untersuchung (Elfer et al. 2012 zit. nach O'Connor; Page & Elfer 2013) fasst die folgenden Gegenargumente zusammen (gekürzt):

- Das Personal gerät in eine Rolle, die der der Eltern zu ähnlich ist.
- Wenn Kinder sich einzelnen Fachkräften zu sehr verbunden fühlen, ist für die Kinder zu schmerzhaft, wenn diese Person nicht anwesend ist.
- Eltern könnten Eifersucht empfinden.
- Der Ansatz ist zu schwierig zu organisieren und das Personal müsste als Team und nicht individuell arbeiten.
- Praktikerinnen befürchten zusätzliche emotionale Anforderungen, wenn sie wiederholt schmerzhafte Verluste erleben müssen, wenn Kinder weitere Übergänge machen müssen.

Ein Fazit von Page und Elfer ist, dass mit der Einführung des Ansatzes einer key person keine ausreichende Aufmerksamkeit auf die organisatorische und emotionale Komplexität solch persönlicher Interaktionen in die professionelle Praxis gerichtet wurde. Vielmehr zeigte sich, dass das Personal sich in erster Linie intuitiv dem Ansatz genähert hat, d.h. sich eher auf persönliche Erfahrungen verließ und sich oft an den Vorstellungen von Bindung und Liebe in der Familie orientierte.

> **Anregung zur Reflexion**
> Können Sie die Empfindungen der englischen Kolleginnen nachvollziehen? Inwiefern unterscheidet sich die Situation der englischen Kolleginnen von der solcher Fachkräfte, die mit einem theoretisch fundierten und in der Praxis bewährten Übergangsverfahren arbeiten?

6.4 Kinder unterscheiden zwischen Familien- und KiTa-Beziehungen

Unzweifelhaft ist, dass Kinder zu mehreren Personen parallel Bindungen und Beziehungen entwickeln können, und fest steht auch, dass jede dieser Beziehungen eigenständig aufgebaut wird. Beziehungen unterscheiden sich in ihrer Vielfalt, so wie z. B. Mutter-Kind- und Vater-Kind-Beziehungen von der Bindungsforschung unterschiedlich charakterisiert werden (siehe Kap. 5.2). Bindungsentwicklung ist nach heutiger Sichtweise nicht ein rein biologisch determinierter Prozess, sondern auch mit Lernprozessen verbunden. Es kann davon ausgegangen werden, dass auch junge Kinder die Bedeutung ihrer Bezugspersonen situationsabhängig bewerten. Mit dem Begriff der »Bindungshierarchie« wollte man zunächst ausdrücken, dass auch bei mehreren Bindungsbeziehungen die Mutter-Kind-Bindung (oder die Eltern-Kind-Bindungen) eine exklusive, sozusagen überragende Stellung über allen anderen Beziehungen innehaben. Heute spricht man angemessener von *Bindungsnetzwerken* (z. B. Suess 2011, S. 17), um auszudrücken, dass Kinder funktional unterscheiden, in welcher Situation welche Person ihnen als sichere Basis dient. In der Tagesbetreuung sind dies Erzieherinnen oder Erzieher, Kinderpflegerinnen und -pfleger oder Tagespflegepersonen. Wenn Kinder die Umgebung der Tagesbetreuung verlassen haben und ihrer Erzieherin z. B. beim Einkaufen im Supermarkt begegnen, werden sie sie freudig begrüßen, kämen aber nicht auf die Idee, nun mit der Erzieherin und nicht mit dem Vater nach Hause zu gehen.

Das Konzept eines Beziehungsnetzwerkes spielt auch in der pädagogischen Praxis eine wichtige Rolle. Um Beziehungskontinuität auch in Zeiten der Abwesenheit der Bezugserzieherin (Dienstzeiten, Krankheit) zu garantieren, wird empfohlen, schon während der Eingewöhnung (»Tandemeingewöhnung«), spätestens aber nach der Eingewöhnungsphase, eine oder zwei weitere Betreuungspersonen mit dem Kind vertraut zu machen. Kinder merken sehr schnell, dass einer Kindertageseinrichtung eine völlig andere Umgebung ist als ihr Zuhause. Ein großer Unterschied ist, dass es wenige Erwachsene und viele Kinder gibt und Beziehungen dadurch zwangsläufig anders funktionieren. Die Forschungsergebnisse von L. Ahnert zeigen dies deutlich.

»Die Bindungssicherheit zu mindestens einer Erzieherin hing jedoch eher mit ihrer professionalisierten Erziehertätigkeit für Kindergruppen als mit der individuellen Betreuung jeden einzelnen Kindes zusammen. ... Die wichtigsten sozialen Bedürfnisse eines jeden einzelnen Kindes müssen dabei unter Einbeziehung der Anforderung der Gruppe zum richtigen Zeitpunkt bedient werden. Diese Balance muss in der täglichen Arbeit immer wieder neu bestimmt werden« (Ahnert, 2010, S. 132).

Sicherheit entsteht während des Übergangsprozesses. Dieser muss jedoch in das Beziehungsnetz der KiTa münden. Idealerweise sind Kinder in der Lage ihre positiven Beziehungserfahrungen zu verallgemeinern und ihre guten Erfahrungen mit einer Erzieherin auf die anderen Fachkräfte zu übertragen (Ahnert, 2010, S. 130). So entwickelt sich mit dem Beziehungsaufbau auch ein Gefühl der Zugehörigkeit zur Gruppe, zum Team der Fachkräfte und zur gesamten Einrichtung.

6.5 Sicherheit ist nur ein Aspekt der Beziehungsqualität

Bindung und Exploration sind die beiden, in enger Beziehung stehenden Verhaltenssysteme im Zentrum der Bindungsforschung (siehe Kap. 5). In der neueren Bindungsforschung (Booth u. a., 2003, zit. n. Ahnert, 2010) wird als weiteres System die »Unterstützung beim Erkunden der Umwelt« als wichtig für die Bindungsqualität erkannt. Studien haben gezeigt, dass nur ein moderater Teil der Varianz von Bindungssicherheit durch mütterliche

Feinfühligkeit erklärt wird (Whipple, Bernier & Mageau 2010; de Wolff & van IJzendoorn 1997). Feinfühligkeit und Autonomieunterstützung sind nach dieser Auffassung voneinander unabhängige Konzepte, die beide zur Qualität einer Beziehung beitragen.

In Deutschland wurde in vielen Veröffentlichungen lange Zeit das Trösten (»sicherer Hafen«) zu sehr betont und weniger die Unterstützung der Erkundung und des Explorationsdranges (»sichere Basis«) (Suess 2011 S. 14). Mit der Explorationsunterstützung wird der Zusammenhang zwischen der Beziehungsqualität und dem Gelingen von Bildungsprozessen hergestellt. »Die feinfühlige Weckung und Unterstützung von Exploration ist zugleich eine Entstehungsbedingung von Bindung« (Drieschner 2011, S. 23). Genau das sollte auch während der Übergangsgestaltung geschehen. Aus der Sicht des Kindes ist der Prozess des sich Einlebens mit vielfältigen Explorationen verbunden. Die dingliche und soziale neue Umwelt wird mit Unterstützung der Erzieherin und der begleitenden Bindungsperson exploriert. Die Fachkraft macht zunächst aus der Distanz Interaktionsangebote (z. B. ein Spielzeug), auf die das Kind eingehen kann – aber nicht muss, andere Kinder nähern sich, bald kommt es zu ersten Berührungen, der Aktionsradius erweitert sich allmählich, je nach dem Tempo und Interesse des Kindes.

Sieht man Exploration als den Beginn von Bildung im dialogischen Prozess (Liegle 2013), wird die Wechselwirkung zwischen dem Aufbau einer persönlichen Beziehung und einer Bildungsbeziehung deutlich. Im weiteren Verlauf sind es nicht zuletzt die kokonstruktiv angelegten Bildungsprozesse, durch die Beziehungen aufrechterhalten, vertieft werden und sich mit dem Alter des Kindes qualitativ verändern. Die Beziehungsmerkmale Sicherheit und Stressreduktion treten im Laufe der Zeit in den Hintergrund und Explorationsunterstützung und Assistenz gewinnen an Bedeutung (Ahnert, 2010, S. 129), wenn kognitive Herausforderungen einen größeren Stellenwert bekommen.

6.5 Sicherheit ist nur ein Aspekt der Beziehungsqualität

> **Anregung zur Reflexion**
> Unabhängig davon, ob man bindungstheoretische Fachtermini in der Frühpädagogik für angemessen hält oder nicht, kann man der Aussage folgen, wonach die unterschiedlichen Bindungen und Beziehungen in den Beziehungsnetzwerken der Kinder »auf voneinander separierbaren Interaktionsgeschichten basieren und demzufolge spezifische Interaktionserfahrungen des Kindes.... im jeweiligen Kontext reflektieren« (Ahnert, 2014, S. 126). So unterscheidet die Bindungsforschung zwischen dem »pflegerischen« Charakter der Mutter-Kind-Bindung und der »feinfühligen Herausforderung im Spiel« als charakteristisch für die Vater-Kind-Bindung. Dieses traditionelle Rollenverständnis mag heutzutage nicht mehr in jeder Familie zutreffend sein, die Differenzierung gibt aber einen deutlichen Hinweis darauf, dass für den Aufbau unterschiedlicher Beziehungen zu unterschiedlichen Menschen durch verschiedene Interaktionsqualitäten entstehen.
>
> Eine Frage, mit der sich Fachkräfte immer wieder selbstreflexiv und auch im Team auseinandersetzten sollten, lautet: Welchen Charakter wird die Beziehung zwischen mir und den Jungen und Mädchen in meiner beruflichen Arbeit annehmen?
>
> Eine Möglichkeit, sich dieser Frage zu nähern, könnte sein: »Wie lautet der professionelle Auftrag und wie sind die damit verbundenen pädagogischen Zielsetzungen in der Praxis am besten zu erreichen?« Geben Sie der Beziehungsqualität zwischen jungen Kindern und pädagogischen Fachkräften ein Profil.

6.6 Kompetenzen zur Sicherung der Beziehungsqualität im Übergangsprozess

6.6.1 Feinfühligkeit

Ein zentraler Begriff, wenn es um die Interaktionsqualität zwischen Erzieherinnen und Kindern in den ersten drei Lebensjahren geht, ist »Feinfühligkeit«.

»Feinfühliges Verhalten gegenüber einem Kleinkind ist die Voraussetzung für den Aufbau einer emotional vertrauensvollen und tragfähigen Beziehung und beinhaltet, die Signale des Kindes wahrzunehmen, richtig zu interpretieren und prompt sowie angemessen darauf zu reagieren« (Becker-Stoll et al., 2014, S. 37).

Feinfühligkeit bedeutet nicht, dass Kindern keine Grenzen gesetzt werden dürfen. Selbstverständlich versuchen pädagogische Fachkräfte, mit den Kindern Einverständnis herzustellen und vorausschauend konfliktträchtige Situationen zu umgehen, aber Konflikte sind nicht völlig zu vermeiden, z. B. während der Autonomiephase (früher Trotzphase), wenn Kinder und Erwachsene in den Konflikt zwischen Geborgenheit und Selbstständigkeit geraten. Feinfühliges Verhalten ist situativ angemessen und passt sich der Entwicklung des Kindes an. Als entlastend für die tägliche pädagogische Arbeit kann auf Längsschnittstudien verwiesen werden, wonach bereits eine hinreichende Feinfühligkeit den Aufbau einer sicheren Bindung ermöglicht (Suess & Burat-Hiemer, 2009, S. 78). Nach Drieschner (2011, S. 13) gilt Feinfühligkeit zwar als Schlüsselvariable für den Aufbau sicherer Bindungen, sie ist jedoch mit z. B. mit sozialen Einflussfaktoren in Beziehung zu setzen, die erschwerend wirken können. Damit wird die Mitverantwortung der Politik und der Träger für Arbeitsbedingungen (Strukturqualität) angesprochen, die es Fachkräften erleichtern, qualitativ gute Beziehungen zu jedem Kind aufzubauen und aufrechtzuerhalten. Aber auch gute Arbeitsbedingungen allein sind keine Garantie. So zeigte die Münchner Krippenstudie, dass unter vergleichbaren strukturellen Bedingungen unterschiedliche Interaktionsqualitäten entstehen können. Je besser die Kooperation und unterstützender die Zusammenarbeit im Team von den Fachkräften erlebt wurde, desto positiver und entspannter waren die Interaktionen mit den Kindern im KiTa-Alltag (Wertfein, Müller & Danay, 2013).

6.6.2 Professionelle Responsivität

Den bindungstheoretischen Ansätzen stellt Gutknecht (2012) das Konzept der responsiven Krippenpädagogik gegenüber. Sie stellt in Frage, ob Befunde, die aus Forschungsbereichen zu Mutter-Kind-Dyaden gewonnen wurden, auf Kindertageseinrichtungen übertragen werden können. Wird diese Frage verneint, kann nicht mehr von »Bindungsähnlichkeit« oder »bindungsähnlichen Beziehungen« gesprochen werden.

»Responsivität bedeutet, dass eine Fachperson in der Kinderkrippe oder Kita mit Altersmischung flexibel einschätzen kann, wann sie im Interaktionskontext Verhaltensmöglichkeiten erweitern oder verengen muss, wann sie dirigieren und wann sie freilassend sein muss, wann eher ihre Aktivität und wann eher Passivität erforderlich ist« (ebd. S. 16).

Dazu benötigen Fachkräfte nicht nur herausragendes Fachwissen als Grundlage, sondern auch eine intensive Wahrnehmungsschulung. *Professionelle Responsivität* ist nach Gutknecht als umfassende Kernkompetenz zu verstehen, denn die Fachkräfte interagieren nicht nur mit Kindern, sondern auch mit Kolleginnen und Kollegen, Müttern und Vätern, aber z. B. auch mit Vertreterinnen oder Vertretern ihres Trägers. Daher erfordere professionelle Responsivität umfassende Kompetenzen in den unterschiedlichen Interaktionsstilen von Kindern und Erwachsenen, auf die Fachkräfte sich um Lauf des Tages immer wieder umstellen müssten.

6.6.3 Umgang mit Vielfalt

Kinder sind Mädchen und Jungen, sie sind unterschiedlich alt, haben unterschiedliche Persönlichkeitsmerkmale, kommunizieren auf unterschiedliche Arten und Weisen, sprechen unterschiedliche Sprachen und haben trotz des jungen Alters unterschiedliche Lebensgeschichten. Eine vergleichbare Vielfalt gibt es innerhalb der Elternschaft. Für pädagogische Fachkräfte bedeutet das, dass sie, um einem inklusiven Anspruch (siehe Kap. 1.6) gerecht zu werden und *allen* Kindern gleiche Chancen für ihre individuelle Entwicklung und Bildung zu bieten, auf unterschiedlichste Weise gefordert werden.

Einige Aspekte seien genannt, die die Beziehungsqualität beeinflussen können.

Entwicklungsalter

Allein während der Entwicklung vom Säugling bis zum Kindergartenkind ändern sich die Anforderungen an die pädagogischen Fachkräfte durch die altersgemäßen Entwicklungsfortschritte wie kaum in einem anderen Altersabschnitt. Während der Übergangsbegleitung ist z. B. zu berücksichtigen, dass die Stressreaktionen auf die ersten kurzeitigen Trennungen bei Kindern im Alter zwischen zehn und 18 Monaten besonders heftig sein können (Ahnert, 2010, S. 190–203). Einjährige haben bereits detaillierte Kenntnisse über die Beziehung zu ihren Eltern in ihrem Gedächtnis gespeichert und sind Fremden und neuen Beziehungen gegenüber sehr skeptisch. Sie »fremdeln«. Es ist aber genau diese Entwicklungsspanne, in der viele wegen des Endes der Elternzeit für ihr 12 oder 14 Monate altes Kind einen Platz für die Tagesbetreuung suchen. Fachkräfte dürfen dieses Verhalten nicht als Ablehnung ihrer Person verstehen, sondern müssen sich auf einen längeren Übergangsprozess einstellen. Auch die Eltern brauchen Unterstützung und Informationen zu diesem wichtigen Entwicklungsabschnitt ihres Kindes.

Bindungshintergrund

Bindungsforscher betonen, dass die von Kindern verinnerlichten Bindungserfahrungen, d. h. biographische Erfahrungen, dazu beitragen können, dass der Aufbau neuer Beziehungen erschwert wird (Suess & Burat-Hiemer, 2009, S. 257). Sie sprechen davon, dass Kinder eine »Sogwirkung« entfalten und bei Erzieherinnen und Erziehern genau die Reaktionen auslösen, die die Kinder aufgrund ihres Bindungshintergrundes erwarten. Mit ihrer eigenen Bindungserfahrung erleben Fachkräfte Kinder als sympathisch oder als anstrengend oder sie lösen gar Ärger aus. D. h. der Vorsatz, allen Kindern neutral zu begegnen, ist kaum einzuhalten. Die pädagogischen Fachkräfte müssen sich mit den durch das jeweilige Kind ausgelösten Gefühlen auseinandersetzen, um positive Veränderungen einzuleiten. Reflexionen im Team über die Erfahrung der Erzieherinnen und Erzieher mit den einzelnen Kindern in der Krippe sind dafür sinnvoll.

Persönlichkeitsmerkmale

Kinder, die mit einem »einfachen« Temperament ausgestattet sind, lassen sich wahrscheinlich bereitwilliger auf neue Situationen ein als Kinder, die schüchtern und/oder leicht irritierbar und schwerer zu beruhigen sind (Zentner, 1998; 2008). Eine pädagogische Aufgabe in Übergangsprozessen ist es, Temperamentsunterschiede zu erkennen und sie zu akzeptieren. Die Adäquatheit einer Reaktionsweise auf das Temperament eines Kindes wird als Passung (goodness-of-fit) bezeichnet (Thomas & Chess, 1977). Ohne solche Passung erlebt das Kind Fürsorge als weniger einfühlsam, was Anpassungen an neue Situationen erschwert. Dem jeweiligen Kind in seiner Eingewöhnung das Tempo, den Zeitpunkt der Annahme von Interaktionsangeboten von Erwachsenen (Bezugserzieherinnen) zu überlassen, ist praktizierte Partizipation, die die Grundbedürfnisse jeden Kindes im Sinne der Selbstbestimmungstheorie (siehe Kap. 2) respektiert.

Jungen und Mädchen

Untersuchungsergebnisse sprechen dafür, dass Erzieherinnen – für Erzieher liegen noch keine Befunde vor – gerade beim Beziehungsaufbau während des Übergang geschlechtssensibel handeln sollten (Niesel, 2008; Rohrmann, 2010). Jungen haben häufiger eine deutlich geringere Chance auf eine Bindungsbeziehung bzw. eine bindungsähnliche Beziehungen zu einer Erzieherin als Mädchen (Ahnert, 2010, S. 132ff.). Eine Erklärungsmöglichkeit wird darin gesehen, dass der Beziehungsaufbau und die Beziehungspflege mehr »Aufwand« auf Seiten der weiblichen Fachkräfte erfordert – Mädchen machen es ihnen wahrscheinlich leichter. Sie erscheinen eher kompromissbereit und ausgleichender .

Die pädagogische Aufmerksamkeit sollte auch auf die Integration von Jungen in die Kindergruppe gerichtet sein. Jungen agieren im Verlauf der KiTa-Zeit häufig konkurrenzbetonter und aggressiver – was ihnen mehr Aufmerksamkeit, in erster Linie aber in Form von Ermahnungen, einbringt. Eine mögliche Folge ist, dass sich die Beziehungen zwischen Erwachsenen und Mädchen gut entwickeln, während Jungen ihre Bestätigung eher in der Jungengruppe suchen. Schon während des Übergangsprozesses sollten sich Fachkräfte fragen, wo liegen die Stärken und Schwächen von Jungen und Mädchen, wie reagieren wir darauf und wie stellen wir sicher, dass für beide Geschlechter ein Empfinden der Sicherheit und der Zugehörigkeit zur Gesamteinrichtung – im ersten Abschnitt ihrer Bildungslaufbahn – entsteht?

Kinder und Eltern mit Zuwanderungsgeschichte

Die Auseinandersetzung mit dem Empfinden von Fremdheit und kultureller Distanz ist am Beginn einer Beziehung besonders wichtig, um den Aufbau nicht von vorne herein scheitern zu lassen. Wie kann ich individuell einfühlsam kommunizieren, wenn ich die Sprache nicht verstehe und die Kultur nicht kenne? Welche Lebensentwürfe sind in der jeweiligen Familie vorherrschend:

Lebt sie traditionelle Werte, gestaltet sie ihren Alltag bewusst bi- oder multikulturell? (Wie) unterscheidet sich die Lebenssituation von der der Erzieherin? Grundlagenwissen, Persönliche Fähigkeiten und Einstellungen, Fertigkeiten und Methoden sind in der Regel die Bausteine von Fortbildungen zu diesem Themenkreis. Entscheidend ist jedoch eine vorurteilsbewusste Praxis, die vom ganzen Team mitgetragen wird und sich mit den Auswirkungen insbesondere von gruppenbezogenen Vorurteilen im persönlichen und beruflichen Rahmen auseinandersetzt und Gegenmaßnahmen einübt (Wagner, 2013b, vgl. auch Hüpping & Büker, 2015, im Basisband dieser Buchreihe). Dies gilt im Übrigen auch für die oben angesprochene Geschlechterthematik.

Kinder aus Familien mit Zuwanderungsgeschichte oder Kinder aus deutschen Familien mit besonderen Belastungen, die häufig als »bildungsfern« bezeichnet werden, sind in besonderem Maße auf eine gute bis sehr gute Betreuungsqualität bei ihrem Start in den neuen Abschnitt ihrer Bildungsbiographie angewiesen, um diesen erfolgreich zu bewältigen (Beckh, Mayer, Berkic & Becker-Stoll, 2014).

Entlastung für die einzelne pädagogische Fachkraft im Umgang mit der Heterogenität innerhalb der Kinder- und Elterngruppen wird durch die produktive Nutzung der Heterogenität im Team erreicht. Bei guter Zusammenarbeit, regelmäßigem Austausch und Unterstützung durch Fortbildungen und Supervision können unterschiedliche Vorlieben und Interessen, z. B. für eine bestimmte Altersgruppe oder spezielle Kompetenzen, basierend auf Erfahrungen, Fachwissen, Zusatzausbildungen oder auch Sprachkenntnissen, während der Übergangsgestaltung gezielt genutzt werden.

7

Überganggestaltung nach dem IFP-Transitionsmodell – Ein Arbeitsinstrument

Im Staatsinstitut für Frühpädagogik (IFP) in München wurde ein Transitionsmodell entworfen, das allgemein genug formuliert ist, um für Übergänge sowohl in der Familienentwicklung wie zwischen Familie und Bildungseinrichtungen Anwendung finden zu können. Die Erfahrung vieler Kinder mit Trennung und Scheidung, neuen Partnerschaften und Stieffamilien erforderte ein Modell von Familienbeziehungen, das die Entwicklung der betreffenden Kinder bei Veränderungen der familialen Struktur möglichst unterstützt, und aus dem sich geeignete Hilfemaßnahmen ableiten lassen (Niesel, Griebel, Kunze & Oberndorfer 2012). Dieses Modell wurde auf den Übergang von der Familie in die Kindertagesstätte und in die Schule und den Hort sowie von der Grundschule in weiterführende Schulen übertragen (Griebel & Niesel, 2004, 2013).

Bei aller Unterschiedlichkeit der Inhalte von Veränderungen ging es darum, die Vergleichbarkeit der Strukturen von Anforderungen und Bewältigung bei Transitionen herauszuarbeiten. Die pädagogische Literatur hat vor allem den Übergang in das formale Schulsystem behandelt, hierzu hat es Theorieentwicklung und Forschung mit dem Schwerpunkt auf soziologischen Theorien gegeben (siehe Kap. 4). Das entwicklungspsychologische IFP-Transitionsmodell geht ebenfalls auf mehrere, dabei vorwiegend psychologische Theoriestränge zurück, die im Folgenden näher ausgeführt werden. Daraus sollen sich Hilfen zum Verständnis und Ansätze für eine pädagogische Unterstützung gewinnen lassen.

7.1 Kinder und Eltern bewältigen die Transition, pädagogische Fachkräfte moderieren sie

Uri Bronfenbrenner (1989) hat die Auffassung von Entwicklung als Interaktion zwischen dem Einzelnen und seiner sozialen Umgebung mit seinem ökopsychologischen Ansatz (vgl. 4.2) wesentlich beeinflusst. Die Familie wird in seiner Theorie als ein Mikrosystem gesehen, das von den einzelnen Familienmitgliedern gebildet werde. Sie bildeten ein Geflecht von Interaktionen und Beziehungen, in dem das Verhalten des einzelnen Familienmitglieds das Verhalten aller anderen beeinflusse. Das Mikrosystem Familie lasse sich in seiner Gesamtheit wiederum in Wechselwirkung mit umgebenden Kontexten, die ebenfalls als Systeme definiert werden, ansehen. Dazu gehöre das Netz verwandtschaftlicher und freundschaftlicher Beziehungen der Familie und – vom Kind her gesehen – die Gleichaltrigengruppe. Diese Systeme, die in engem Austausch mit den Familienmitgliedern stünden und in denen diese jeweils Elemente darstellten, werden als »Mesosystem« bezeichnet. Weitere umgebende Einflusssphären seien solche, zu denen nur einzelne Familienmitglieder Zugang haben, die aber dennoch Einfluss auf die ganze Familie ausüben können. Das sei zum Beispiel die Arbeitswelt. Diese Systemebene wird nach Bronfenbrenner, bezogen auf die Familienmitglieder, die nur mittelbar, aber nicht unmittelbar ihren Einflüssen ausgesetzt sind, als »Exosystem« bezeichnet. Schließlich hat er eine umfassende Systemebene als »Makrosystem« formuliert, in der Familienpolitik, Gesetzgebung, gesellschaftliche Normen angesiedelt seien, die jeweils auf die nachgeordneten Systemebenen in unterschiedlicher Weise wirkten.

Nach Bronfenbrenner ist die Anpassung an eine Institution außerhalb der Familie als ein ökologischer Übergang definiert, der mit einer Veränderung der Position in der ökologisch verstandenen Umwelt, also des Lebensbereiches, einhergehe und Veränderungen in der Identität, in Rollen und Beziehungen bedeute. Die Kindertageseinrichtung, in die das Kind eintritt, werde neben dem Mikrosystem Familie zum sekundären Entwicklungskontext und damit ebenfalls zum Mikrosystem. Wichtig für die Entwicklung des Kindes sei, dass die verschiedenen Systeme, deren Mitglied es sei, miteinander vereinbar seien, dass die Erfahrungen und Verhaltensweisen, die es in einem System erworben habe, auch in anderen Systemen anwendbar seien.

Hinweise zur Anwendung

Für den Übergang in die Kindertagesstätte ist hervorzuheben, dass das Kind und seine Eltern aktiv den Übergang bewältigen. Für sie wird Entwicklung im sozialen Kontext eröffnet und für sie hat der Übergang mit Veränderungen in der Identität, in Rollen und Beziehungen das Merkmal der Erstmaligkeit und Einmaligkeit. Ein Bewusstsein, dass Veränderungen eintreten, die Einsicht, Neues lernen zu müssen, Veränderungen des Verhaltens und die Anpassung von Einstellungen sowie das Nachdenken über diesen Prozess sind Merkmale eines Entwicklungsschrittes im Leben von Erwachsenen (Brandtstädter, 2007). Kennzeichnend für das Transitionsmodell ist seine Familienperspektive; die Bewältigung von Übergängen wird zur »Familienangelegenheit«, wobei die Begleitung und Unterstützung des Kindes zu den Aufgaben der Eltern gehört. Für die Fachkräfte, die den Übergang begleiten und moderieren, ist die Phase der Aufnahme und Eingewöhnung eine arbeitsintensive Zeit im Rahmen der beruflichen Routine und kein Übergang im psychologischen Sinne. Ihre konzeptionell getragene professionelle Praxis, die von Arbeitsbedingungen vor Ort und nicht zuletzt von Trägerrichtlinien und Gesetzgebung sowie von gesellschaftlichen Normen mitbestimmt ist, beeinflusst die Übergangsbewältigung von Kindern und Eltern unmittelbar und mittelbar. In möglichst enger Abstimmung zwischen Familie und Einrichtung wird an die Kompetenzen und Stärken des Kindes angeknüpft, so dass es sie weiter ausbauen kann.

7.2 Entwicklungsanforderungen auf drei Ebenen für Kinder und Eltern

Nach Havighurst (1976) zählt der Eintritt in eine außerfamiliale Einrichtung zu den von der Gesellschaft gestellten Aufgaben, die der Einzelne in seinem Lebenslauf bewältigen muss. Da der Besuch einer Kindertagesstätte freiwillig ist, bestimmen die Eltern diese Aufgabe aktiv mit und stellen sich ihr, zusammen mit dem Kind. Der Eintritt ins formale Schulsystem dagegen ist an das schulpflichtige Alter des Kindes geknüpft. Die Bewältigung von damit einhergehenden Anforderungen in der Lebensspanne bezeichnete er als Entwicklungsaufgaben. Entwicklungsaufgaben implizieren ein Entwicklungsverständnis, dem eine Gerichtetheit der Prozesse innewohnt. Diese Richtung ist in Hinsicht auf zunehmende Komplexität von Erfahrungen und kompetenten Umgang damit sowie im Hinblick auf eine erfolgreiche Bewältigung beim Eintritt in Krippe und KiTa, ebenso beim Übergang in die Schule, zu erkennen. Entwicklung wird hier als erfolgreich bewältigter Übergang beschreibbar (siehe Kap. 8).

Hinweise zur Anwendung

Die Auffassung als Entwicklungsaufgaben schärft den Blick für das Entwicklungspotenzial des Übergangs und die sich daraus ergebenden Konsequenzen für eine Unterstützung.

Die Anforderungen wurden im IFP-Transitionsmodell auf drei Ebenen strukturiert: Kind und Eltern bewältigen Veränderungen auf der Ebene des Einzelnen, auf der Ebene der Beziehungen und der Ebene der Lebensumwelten.

Unabhängig davon, wie unterschiedlich vor-schulische Einrichtungen organisiert sind, wie die Anforderungen beim Eintritt des Kindes in das formale Schulsystem oder in weiterführende Schulen aussehen, handelt es sich jeweils um einen bedeutenden Entwicklungsabschnitt für das einzelne Kind.

Auf der Ebene des Einzelnen beinhaltet die Veränderung der Identität einen Statuswechsel zum KiTa-Kind bzw. zum Schulkind. Starke Emotionen wie Ängste und Vorfreude müssen bewältigt und neue Kompetenzen erworben werden.

Auf der Ebene der Beziehungen müssen neue Beziehungen in der Bildungseinrichtung zu Fach- und Lehrkräften und den anderen Kindern aufgenommen werden. Veränderungen bestehender Beziehungen in der Familie müssen beim Eintritt in die KiTa bzw. Verluste hinsichtlich Erzieherin und Freunden im Kindergarten beim Übergang zum Schulkind verkraftet werden. Zudem wird ein Rollenzuwachs erfahren: Was wird von einem Kind in der jeweiligen Bildungseinrichtung erwartet (Rollenerwartungen) und was passiert, wenn diese Erwartungen nicht erfüllt werden (Rollensanktionen)?

Auf der Ebene der Lebensumwelten muss das Pendeln zwischen Familie und Bildungseinrichtung im Tagesablauf in Einklang gebracht werden. Eine Auseinandersetzung mit einem neuen Curriculum steht an. Gegebenenfalls müssen weitere familiale Übergänge wie Aufnahme oder Verlust von Erwerbstätigkeit eines Elternteils, Geburt eines Geschwisters, Trennung der Eltern zeitnah bewältigt werden.

Nach dem Transitionsmodell zeigen sich aus der Perspektive der Eltern diese Anforderungen, Diskontinuitäten zu bewältigen, analog. Auch sie werden Mutter oder Vater eines KiTa- bzw. eines Schulkindes. Sie sind starken Emotionen und Erwartungen an ihre (unklare) Rolle ausgesetzt, entwickeln neue Kompetenzen, regulieren wichtige Beziehungen und müssen Familie, Schule und Erwerbstätigkeit aufeinander abstimmen.

Pädagogische Angebote können auf den genannten drei Ebenen konzipiert werden. Rituale erleichtern die Bewältigung starker Emotionen und machen den veränderten Status erlebbar. Beziehungen lassen sich sowohl zwischen den Erwachsenen – Eltern und Pädagoginnen bzw. Pädagogen – als auch zwischen Kindern und Pädagoginnen bzw. Pädagogen und nicht zuletzt zwischen den Kindern anbahnen und vertiefen. Beim Einleben in eine neue Lebensumwelt mit neuen Räumen und Regeln des Umgangs sind vielfältige pädagogische Angebote zu planen.

7.3 Passung von Heterogenität der Kinder und ihrer Familien und der Übergangsgestaltung

Filipp (1995, S. 9) bündelt Krisen der Entwicklung als kritische Lebensereignisse. Diese sind als Ereignisse definiert, die im Strom der Erfahrungen einer Person raumzeitlich zu verorten sind und einen Eingriff in das zu einem Zeitpunkt aufgebaute Passungsgefüge zwischen Person und Umwelt bedeuten. Der Konflikt in der Beziehung zwischen Person und Umwelt, der mit starken Gefühlsreaktionen der Person einhergeht, bedarf einer Lösung und erfordert die Herstellung eines neuen Gleichgewichts. Kritisch sind Lebensereignisse als Wendepunkte in der Entwicklung, weil sie Entwicklungschancen für persönliches Wachstum beinhalten, aber Risiken und negative Entwicklungen bedeuten können, wenn Versuche, die emotionale Belastung zu regulieren, nicht innerhalb einer angemessenen Zeit zu einer Lösung und zu einem neuen Gleichgewicht führen (Filipp, 1995, S. 339). Individuelle Bewältigungskompetenzen werden herausgefordert und eine Neuorganisation wird notwendig, die über Veränderungen innerhalb der Person, aber auch über Veränderung der Umwelt durch die Person erfolgen kann. Für das Erleben zentral ist die subjektive Einschätzung des Ereignisses etwa als kritisch, belastend, bedeutend, erfreulich, herausfordernd u. a. m. (Filipp, 1995, S. 31). Hier gibt es eine enge Verbindung zum Stress-Paradigma der Untersuchung von Veränderungen. Weiterführend erscheint zudem die zugrunde gelegte Perspektive der Lebensspanne für Entwicklung, die den Blick auf Entwicklung auch für Erwachsene einfordert.

Hinweise zur Anwendung

Aspekte wie Entwicklung, Kompetenzen, Passung und Risiko- sowie Schutzfaktoren sind angesichts der Heterogenität von Kindern und Familien, die den Übergang in Bildungseinrichtungen bewältigen, wichtig für ein Transitionsmodell. Die subjektive Einschätzung der Personen im Übergang ist entscheidend. Entsprechend differenziert lassen sich die Bedarfe der individuellen Kinder und ihrer Familien für die Gestaltung des Übergangs aushandeln – nicht alle Familien brauchen alles!

7.4 Transitionsbewältigung: Nicht nur eine Kompetenz des Kindes, sondern des sozialen Systems

Die Stresstheorie in der Psychologie der seelischen Gesundheit erklärt Belastungsreaktionen und Belastungsbedingungen (Lazarus, 1995). Ausgangslage sind Veränderungen für den Einzelnen. Bei deren Bewältigung kommt es darauf an, ob diese Veränderungen (1) größeren Ausmaßes und (2) von längerer Dauer sind, ob (3) die Veränderung vom Einzelnen erwünscht ist und (4) der Einzelne sie kontrollieren kann. Schließlich ist von Bedeutung, (5) über welche Ressourcen zur Bewältigung der Betroffene verfügt. Reichen die Ressourcen zur Bewältigung nicht aus, entsteht Überforderung und Stress. Die Bewertung der anstehenden Veränderungen durch den Einzelnen als Bedrohung oder als Herausforderung ist von Bedeutung für ihre Bewältigung. Die Verbindung von objektiven Veränderungen und subjektiver Bewertung wird als transaktionaler Stressansatz bezeichnet (Lazarus, 1995).

Hinweise zur Anwendung

Mit diesem Konzept lässt sich am ehesten eine sogenannte »Kontinuitätsstrategie« zur unterstützenden Gestaltung von Übergängen unterlegen. Dabei sollen »sanfte« oder »gleitende« Übergänge hergestellt werden, indem Veränderungen beim Wechsel geringfügig gehalten und soweit möglich an Vertrautes angeknüpft werden soll. Trotzdem wird es wichtig bleiben, Veränderungen in den Erfahrungen des Kindes – Diskontinuitäten – so zu planen, dass mit Blick auf die verfügbaren Ressourcen die Bewältigung Impulse für intensivierte Lern- und Entwicklungsprozesse geben kann. Überforderungen sollen vermieden, Herausforderungen gezielt geplant werden.

Das Familien-Transitions-Modell von Philipp Cowan (1991) wurde entworfen, um Übergänge in der Familienentwicklung wie

7 Überganggestaltung nach dem IFP-Transitionsmodell

Übergang von der Partnerschaft zur Elternschaft, Trennung und Scheidung u. a.m. zu untersuchen und dabei die Perspektive aller Familienmitglieder zu berücksichtigen. Der ökopsychologische Ansatz und die Stressansätze werden integriert und Veränderungen auf der subjektiven Ebene der Identität eingeführt. Die Entwicklung des Einzelnen wird nur innerhalb des sozialen Kontextes verstehbar. Dabei kommt es zu einer Anhäufung unterschiedlicher Belastungsfaktoren, weil Anpassung und Veränderungen in vielen Bereichen geleistet werden müssen und innerpsychische Prozesse und Beziehungen zu anderen Personen neu gestaltet werden (Cowan, 1991). Rollen müssen reorganisiert werden. Dass starke Emotionen reguliert werden müssen, ist ebenfalls ein Kennzeichen von Transitionen. Kulturelle Anforderungen, Normen und Wünsche von Bezugspersonen sowie materielle Umgebungsbedingungen wirken als Entwicklungsanreize und Herausforderungen, die die individuelle Entwicklung fördern oder behindern können. Auch gesellschaftliche Normen von gelungener Entwicklung und Anpassung wandeln sich. Deswegen wird zwischen nicht-normativen Lebensereignissen, die nur wenige Menschen in der Gesellschaft betreffen, und normativen Lebensereignissen, zu denen der Eintritt ins Bildungssystem gehört, unterschieden.

Der Übergang wird erst im Zuge der Bewältigung zu einer Transition im entwicklungspsychologischen Sinne. Cowan (1991) stellt bei der Frage nach den individuellen Kompetenzen und ihrem Zuwachs durch Herausforderungen Beziehungen zum Konzept »Resilienz« (siehe Kap. 8) her. Die Berücksichtigung der Identität des Einzelnen als erlebter Status, Selbstkonzept und Verortung des Selbst in der eigenen Biographie in Verbindung mit Übergängen ist das unterscheidende Merkmal des Übergangskonzepts zu anderen theoretischen Ansätzen. Cowan (1991) spricht ausgehend von Parkes (1971) von einer »veränderten Weltsicht«, die das von einem Übergang betroffene Individuum entwickle. Erst mit der Bewältigung der Anforderungen wird der Übergang zu einer Transition, d. h. erst mit den konkreten Erfahrungen in der Kindertagesstätte kann der Prozess des Übergangs abgeschlossen werden.

Hinweise zur Anwendung

Im IFP-Transitionsmodell sind zunehmend differenzierte Theorien von Übergängen integriert. Das Verständnis für die am Übergang Beteiligten ist immer auch von der Kultur geprägt, der sie verbunden sind. Die Zuwanderungsgeschichte eines wachsenden Anteils von Familien, deren Kinder in Deutschland Bildungseinrichtungen besuchen, muss berücksichtigt werden. Die Beteiligten können also ihre Annahmen und ihr Wissen über das, was mit dem Übergang geschieht, nicht als selbstverständlich voraussetzen, sondern müssen sich in einem fortlaufenden Dialog von Anfang an darüber verständigen.

Lern- und Entwicklungsprozesse werden zunehmend in der Interaktion des Individuums mit dem Kontext als soziale Konstruktionen verstanden (Rogoff, 2003; Valsiner, 1994). Wissen und Kultur entsteht über Dialog und In-Beziehung-Setzen der Akteure (Dahlberg, Moss, Pence, 1999), über Kommunikation der Akteure entsteht Sinnhaftigkeit und Bedeutung der Konstruktion (Berger & Luckmann, 1966). Die Entstehung der Bedeutung auch von Transitionen im Bildungssystem und damit des Eintritts in eine Einrichtung außerhalb der Familie wird als Ko-Konstruktion des Kindes und seines sozialen Systems verständlich (Griebel & Niesel, 2013). Ko-Konstruktion entsteht über den Einschluss aller Beteiligten in ihrer jeweiligen Position als aktive Bewältiger eines Übergangs oder als moderierende pädagogische Fachkräfte und deren kommunikativen Austausch zur Verständigung über Inhalt und Gestaltung des jeweiligen Übergangs.

Die Transitionskompetenz, so lässt sich der Inhalt des Transitionsmodells noch einmal zusammenfassen, ist nicht die Kompetenz des Kindes alleine, sondern seines sozialen Systems. Die damit neu begründete Zusammenarbeit der Fachkräfte mit den Familien mündet dann in eine von allen Beteiligten konstruierte Bildungs- und Erziehungspartnerschaft.

7.5 Rezeption des Transitionsmodells

Der Transitionsansatz hat bei der programmatischen Erneuerung der Frühpädagogik (Fthenakis, 2006) seinen Niederschlag gefunden im Bayerischen Bildungs- und Erziehungsplan, im Bildungsplan des Landes Hessen, im Bundesländerübergreifenden BildungsRahmenPlan für elementare Bildungseinrichtungen in Österreich und in den Rahmenrichtlinien für die deutschsprachigen Kindergärten in der Autonomen Provinz Bozen/Italien. Das Berliner Bildungsprogramm und das Bildungsprogramm von Sachsen-Anhalt zitieren den Transitionsansatz. Nicht zuletzt im Thüringer Bildungsplan für Kinder bis 10 Jahre sind die Grundgedanken aufgenommen, vor allem der Einbezug der Eltern in das Übergangsmanagement.

Der Ansatz ist auf Bundesebene zum Tragen gekommen im 12. Kinder- und Jugendbericht und in Projekten zur Weiterentwicklung des Bildungswesens (BMBF, 2005; BMFSFJ, 2003, 2005) sowie in Handlungsempfehlungen der Bertelsmann Stiftung (2007) an Einrichtungen, Träger und Politik zur Gestaltung des Übergangs in die Schule. Auf der europäischen/internationalen Ebene bildet der Transitionsansatz die Grundlage für das Comenius-Projekt zur Aus- und Fortbildung von Fach- und Lehrkräften »TRAM – Transition und Mehrsprachigkeit« (Griebel, Heinisch, Kieferle, Röbe u. a. 2013).

Das IFP-Transitionsmodell gewinnt seine Bedeutung in dem Maße, in dem es als Arbeitsinstrument für eine theoriegeleitete Gestaltung des Übergangs in Kooperation von Kindertagesstätten, Grundschulen und Eltern im Sinne von Bildungspartnerschaft genutzt wird.

8

Gelungene Transitionen stärken Kinder

Die Trias »Bildung, Betreuung, Erziehung« gilt für alle Bildungs- und Erziehungsprogramme in den verschiedenen Bundesländern (www.bildungsserver.de; vgl. auch Büker, 2015, im Basisband dieser Buchreihe). Inzwischen werden die ersten drei Lebensjahre selbstverständlich auch unter dem Aspekt der Bildung eingeschlossen (z. B. StMAS & IFP, 2010). Ahnert (2010, S. 46) betont, dass Erzieherinnen-Kind-Bindungen »stärker noch als familiäre Bindungen die Aufforderungen zu und die Begleitung von Explorationsprozessen in das Zentrum der frühpädagogischen Beziehungsgestaltung rücken [müssen]«. Da – wie in Kap. 6 dargestellt – längst nicht alle Kinder eine Bindungsbeziehung mit einer Erzieherin im Sinne der Bindungstheorie eingehen, stellt sich die

Frage nach den Bildungschancen der Kinder, die keine Bindungsbeziehung zu ihrer Erzieherin oder zu ihrem Erzieher aufbauen. »Um theoretisch und empirisch zu erfassen, in welchen Formen sich Bildungsprozesse interaktiv vollziehen, scheint jedoch das begriffliche Inventar der Bindungstheorie allein nicht auszureichen« (Drieschner (2011, S. 14ff); Drieschner plädiert dafür, in das Konzept der Bindung auch Befunde der neueren empirischen Säuglings- und Kleinkindforschung zum gegenseitigen Verstehen einzubeziehen, beispielsweise die »geteilte Aufmerksamkeit« (Tomasello, 2009).

Größere Klarheit würde auch durch eine sprachliche Präzisierung entstehen. Im fachlichen Diskurs sollte die Verwendung des Begriffs »Bindung« im umgangssprachlichen Sinne vermieden werden (vgl. Winner, 2013). Stattdessen sollte der Begriff ausschließlich dann benutzt werden, wenn bindungstheoretisch argumentiert wird oder wenn es um Befunde der Bindungsforschung geht.

Wir schlagen als Fazit aus den vorhergehenden Kapiteln vor, im Rahmen des Übergangsprozesses *den Aufbau qualitativ guter Beziehungen* in den Mittelpunkt zu stellen. Die Beziehungsqualität muss – je nach dem Entwicklungsalter eines Kindes – sicherstellen, dass jedes Kind nach Abschluss des Übergangs in der Lage ist, die Angebote »seiner« Kindertageseinrichtung für seine mentale, psychische und physische Entwicklung zu nutzen. Aber wann ist ein Übergang abgeschlossen?

Ein naheliegender Gedanke könnte sein, dass der Übergang von der Familie in eine Kindertageseinrichtung erfolgreich abgeschlossen sei, wenn das Kind, ohne zu weinen, in der Einrichtung bleibt, also keinen Trennungsschmerz von Mutter oder Vater mehr zeigt. Dieser Gedanke wird jedoch der Komplexität der Anforderungen im Rahmen des Übergangs nicht gerecht. Zum einen weinen nicht alle Kinder während des Übergangs. Beim Eintritt in den Kindergarten sind es aufgrund der fortgeschrittenen Fähigkeit zur eigenständigen Regulation der Gefühle nur wenige Kinder, die weinen (Niesel & Griebel, 2000). Auch im Krippenalter zeigen nicht alle Kinder ihre Gefühle durch Weinen. Sie empfinden aber dennoch großen Stress oder aber sie weinen nicht mehr, haben aber doch mit negativen Gefühlen zu kämpfen, sind still oder hyperaktiv, wandern vielleicht ziellos in der Einrichtung umher (Fürstaller, Funder & Datler, 2011). Die aufmerksame Beobachtung von Kindern ist unerlässlich, wenn Aussagen über eine gelungene oder noch nicht abgeschlossene Übergangsbewältigung getroffen werden sollen.

8.1 Das IFP-Modell zur Einschätzung des Gelingens des Übergangs nutzen

Das IFP-Modell mit seinen drei Ebenen ist als Arbeitsinstrument konzipiert und kann genutzt werden, um ein differenziertes Bild zum Gelingen eines Übergangs zu gewinnen. Das ließe sich etwa folgendermaßen zeigen:

8.1.1 Integration der Lebensumwelten

Das Kind kommt morgens gerne, Säuglinge und Kleinkinder sind in Pflege- und Spielsituationen mit mindestens einer Fachkraft entspannt und engagiert, sie essen mit Appetit und gehen mit Unterstützung durch die Fachkraft bereitwillig in den Mittagschlaf. Kinder freuen sich, wenn sie abgeholt werden, mögen aber gerne noch zu Ende spielen und zeigen Vater oder Mutter die Produkte ihres Schaffens während der KiTa-Stunden (Bilder, Bauwerke, etc.). Auf dem Heimweg oder zu Hause sind sie vielleicht müde und brauchen eine Erholungspause, aber sind doch entspannt und angeregt. Eltern erleben ihr Kind nach der KiTa, die Fachkräfte nach und vor der Familie – darüber sollten Eltern und Fachkräfte im Gespräch sein. Ebenso wie Eltern wissen möchten, wie es ihrem Kind in der Krippe oder im Kindergarten geht, sollten Fachkräfte wissen, wie es dem Kind nach der KiTa geht. Die Alltagsroutine mit der Abstimmung zwischen Familie, Beruf und KiTa klappt im Großen und Ganzen, das Bringen und Abholen funktioniert wie abgesprochen, wenn auch ab und zu etwas Unvorhergesehenes für Hektik sorgen kann. Krippe, Kindergarten oder Tagespflege sind selbstverständlicher Teil des Familienlebens geworden.

8.1.2 Auf der Beziehungsebene

Ausführlich wird die Bedeutung der Beziehungsqualität in Kap. 6 behandelt. Fachkräfte und Eltern sollten sich auch darüber austauschen. Ein deutliches Anzeichen von gelungener Eingewöhnung ist, wenn das Kind bei seiner Erzieherin oder seinem Erzieher Trost sucht und findet (Ahnert 2014, 2010). Wenn es sich zum Beispiel in einer Überforderungssituation oder bei Müdigkeit an die vertraute Fachkraft wendet, um dort Zuwendung und Sicherheit zu »tanken«. Das kann auch beim Abschied am Morgen nötig sein, bis sich das Kind nach einer kurzen Orientierungsphase aktiv dem Spiel, allein oder mit anderen Kindern, zuwendet. Spiel- und Freundschaftsbeziehungen mit anderen Mädchen und Jungen sind ein deutliches Zeichen des gelungenen Übergangs (Watamura et al. 2003; Datler, Datler & Hover-Reisner, 2010).

Möglicherweise empfinden Eltern, dass sich ihre Beziehung zu ihrem Kind verändert, weil das Kind selbstständiger wird und seine neuen Erfahrungen auch zu Hause zum Ausdruck bringt, was häufig von Eltern von Kindern im Kindergartenalter berichtet wird (Niesel & Griebel, 2000). Gerade wenn Kinder viele Stunden des Tages in einer KiTa verbringen und sich eine vertrauensvolle Beziehung zwischen dem Kind und seiner Bezugserzieherin entwickelt, brauchen Eltern in der Anfangszeit die Gewissheit, dass die Mutter-Kind- und die Vater-Kind-Beziehung immer die wichtigsten im Leben ihres Kindes bleiben werden. Nur mit dieser Sicherheit können auch sie vertrauensvolle Beziehungen zum Personal der KiTa aufbauen.

8.1.3 Auf der individuellen Ebene

Die starken Emotionen bei Kindern und Eltern, die mit Ängsten und Unsicherheiten verbunden waren, sind der Gewissheit gewichen, dass das Kind den KiTa-Alltag meistert und Eltern Entlastung erfahren. Die positiven Empfindungen überwiegen. Hin und wieder wird es Tage geben, an denen nicht alles gut klappt. Dann sind aber andere Ursachen die Auslöser, wie z. B. eine unruhige Nacht während des Zahnens oder ein Streit mit dem besten Kindergartenfreund, und nicht der Trennungsstress des Übergangsprozesses.

Für die Transitionsbewältigung ist ein *Identitätswandel* charakteristisch. Damit ist gemeint, dass das Kind sich nicht mehr ausschließlich als Familienkind, sondern auch als KiTa-Kind empfindet. Es fühlt sich – ebenso wie seine Eltern – der Krippe, der KiTa oder dem Kindergarten zugehörig. Dabei ist nicht nur das Wohlbefinden des Kindes wichtig, sondern die Identität eines KiTa-Kindes entwickelt sich auch durch die Unterstützung und Förderung der wachsenden Kompetenzen, zu denen u. a. das Austragen von Konflikten und das Ertragen von Frustrationen gehören (Ahnert & Gappa, 2010).

Noch ist wenig ist über die Identitätsentwicklung von Kinder aus Migrationsfamilien in den frühen Lebensjahren bekannt. Auch wenn für junge Kinder die Frage ihrer Herkunftsnationalität für ihr Selbstbild noch keine Rolle spielt, kann sie die Identitätsentwicklung beeinflussen, z. B. wenn der Beziehungsaufbau zur Erzieherin nicht gelingt oder wenn das Kind seine Eltern, anders als die Eltern der deutschen Kinder, kaum im Gespräch mit der Erzieherin erlebt (Niesel, 2009, 2010). Kindern und Eltern muss es gelingen, ihre Zugehörigkeit zur KiTa-Kultur zu entwickeln und sich mit dem Bildungssystem identifizieren zu können. Dabei muss es nicht um einen Gegensatz zwischen einer als nichtdeutsch angenommenen Herkunftskultur und der deutschen Kultur gehen. Gerade in der »Dritten Generation« ist es häufig der Fall, dass transkulturelle Lebensentwürfe realisiert werden und die Unterscheidung Herkunftskultur – deutsche Kultur gar nicht so stark empfunden wird. Auch haben zunehmend Erzieherinnen Wurzeln in anderen Kulturen

Die Einbindung der Eltern in den Transitionsprozess dient nicht nur dem Kind, sondern anerkennt und stärkt die elterliche Kompetenz, so dass der Identitätswandel (»Ich bin Mutter/Vater und mein Kind besucht eine Kindertagesstätte, was seiner Entwicklung förderlich ist«) unterstützt und ein positives Selbstbild entwickelt werden kann. Sie beginnen ihr Kind mit seinen sich verändernden Bedürfnissen innerhalb der Gruppe der Kindergartenkinder wahrzunehmen. Ihre Zugehörigkeit zur Gruppe der »Miteltern« müssen sie akzeptieren und sich auf neue Erfahrungen einlassen. Für Eltern mit Zuwanderungsgeschichte, die bewusst in der Tradition ihrer Herkunftskultur leben, mag dieses Empfinden von Zugehörigkeit schwerer zu erreichen sein. Vorurteilsbewusste Pädagogik bezieht sich nicht nur auf Kinder, sondern gehört zu einer gelingenden Zusammenarbeit mit allen Eltern (Azun, 2013).

Die Fachkräfte in der KiTa profitieren von einer guten Übergangsgestaltung. Sie sind »ihren« Kindern und Eltern auf professionelle Weise nah, erreichen durch ihre Verbindung mit den Mädchen und Jungen in ihrer Gruppe und der gesamten Einrichtung eine entspannte Atmosphäre. Wenn junge Kinder eine vertrauensvolle Beziehung zu ihrer Erzieherin haben, folgen sie bereitwilliger den Regeln der Gruppe, wenden sich bereitwilliger den ihnen gestellten Aufgaben zu und Erzieherinnen benötigen weniger Disziplinierungsmaßnahmen (Howes, 2000). Erzieherinnen und Erzieher erleichtern sich die Umsetzung ihres professionellen Auftrags der Bildung, Betreuung und Erziehung – was gut ist für das eigene Kompetenzgefühl und die berufliche Zufriedenheit.

8.2 Die Kindertageseinrichtung als erster Abschnitt der Bildungsbiographie

Die erste Transition in eine KiTa (Kinderkrippe oder einen Kindergarten) ist der Einstieg in das Bildungssystem. Die Exploration im Rahmen des Übergangsprozesses leitet über in die Interessenentfaltung und -förderung im freien und angeleiteten Spiel. Das Kind wird vom explorierenden zu einem spielend-lernenden Kind (Hauser, 2013, Becker-Stoll et al. 2014, S. 25 ff), das Wohlbefinden zeigt und sich engagiert auf Bildungsprozesse einlassen kann. Das Kriterium der Engagiertheit zeigt Fachkräften, wann Kinder ganz bei einer Sache sind, sich vertiefen können. Das Konzept der Engagiertheit (Mayr & Ulich, 2006) wurde für den Kindergartenbereich entwickelt, die Grundsätze lassen sich jedoch auch auf das Krippenalter übertragen. Es ist nicht einseitig kognitiv ausgerichtet, sondern betont, dass Lust und Freude dazu gehören.

Der Beziehungsaufbau ist für das Gelingen von frühpädagogischen Bildungsprozessen unerlässlich. Umgekehrt gilt aber auch, dass die interessengeleitete Interaktion die Beziehung aufrecht erhält und vertieft. Liegle (2013, S. 89 ff) spricht von einem »Zwischen« in der dialogischen Praxis. Damit ist die gemeinsame Bezugnahme auf Themen und Gegenstände, also auf Aspekte von »Weltwissen«, gemeint. So entsteht mit der Zeit ein gemeinsamer Hintergrund durch gegenseitiges Wissens und gemeinsame Erfahrungen. Es entsteht ein »Wir-Gefühl«, das Empfinden von Verbundenheit.

8.3 Kinder stärken beginnt im Übergang von der Familie in eine Kindertageseinrichtung

Wenn es darum geht, Kinder zu stärken bzw. sich an den Stärken von Kindern zu orientieren, fällt häufig der Begriff »Resilienz«. Von Resilienz wird dann gesprochen, wenn sich Kinder bei Lebensereignissen und unter Bedingungen mit kumulativen Risikofaktoren als widerstandsfähig erweisen und sich zu psychisch gesunden Persönlichkeiten entwickeln (Wustmann, 2009; 2011). Genau genommen kann man von Resilienz erst sprechen, wenn diese in schwierigen Lebenssituationen sozusagen unter Beweis gestellt wurde. Manchmal wird »resilient« fälschlicherweise mit »unverwundbar« übersetzt – jedes Kind ist verwundbar. Kurz zusammengefasst kann man sagen, dass sich ein resilientes Kind dadurch auszeichnet, dass es Problemsituationen aktiv angeht, dass es mit dem Erfolg seiner Handlungen rechnet, seine Ressourcen effektiv nutzt, an eigene Kontrollmöglichkeiten glaubt, aber auch realistisch erkennt, wenn etwas nicht zu beeinflussen ist (Griebel, Niesel & Wustmann, 2009). Präventive Ansätze können Verhaltensweisen und Lebensumstände fördern, die resilientes Handeln unterstützen. Der Blick richtet sich dabei nicht auf die Defizite und Schwächen, sondern auf die Kompetenzen und Bewältigungsressourcen jedes einzelnen Kindes (Opp, Fingerle & Freytag, 1999).

Als Ziele der Resilienzförderung werden z. B. genannt: die Stärkung von Selbstwahrnehmung, von Selbstwirksamkeit und Selbststeuerung sowie von sozialen Kompetenzen. Hinzu kommen die Stärkung der Problemlösefähigkeiten sowie die Einübung wirkungsvoller Methoden zur Stressbewältigung (Fröhlich-Gildhoff et al. 2007). Ansätze und Konzepte zur Resilienzförderung wurden für Kinder ab dem Kindergartenalter entwickelt (Fröhlich-Gildhoff et al. 2007, Wustmann 2009). Auch für die Zusammenarbeit mit Eltern liegt ein entsprechendes Programm vor (Fröhlich-Gildhoff, Rönnau & Dörner, 2008). Das Beobachtungsverfahren PERIK

8.3 Kinder stärken beginnt im Übergang von der Familie in eine KiTa

(Positive Entwicklung und Resilienz im Kindergartenalltag) von Mayr & Ulich (2007) legt den Fokus auf Basiskompetenzen in sechs Bereichen: Kontaktfähigkeit, Selbststeuerung/Rücksichtnahme, Selbstbehauptung, Stressregulierung, Aufgabenorientierung und Explorationsfreude.

Schützende Faktoren zur Resilienzförderung werden auf drei verschiedenen Ebenen verortet: der persönlichen, der Beziehungsebene sowie im sozialen Umfeld. Aus dieser Gliederung wird erkennbar, dass Kinder sich nicht aus sich selbst heraus zu resilienten Persönlichkeiten entwickeln können (Luthar & Cicchetti, 2000). Die Unterstützung der die Entwicklung von Kindern umgebenden sozialen Systeme ist von entscheidender Bedeutung, insbesondere unter langfristigen Perspektiven, wie der des lebenslangen Lernens.

Positive Bildungserfahrungen gelten als eine soziale Ressource, wie auch Freundschaftsbeziehungen und positive Peer-Kontakte. Positive Beziehungen mit Peers sind wichtig, um Empathie zu zeigen und zu erleben. Freundschaften können zudem wichtige Entlastungen in Stress- und Krisensituationen bieten. Damit sind auch Faktoren auf der persönlichen Ebene mit den bereits genannten Basiskompetenzen angesprochen. Einschränkend ist allerdings anzumerken, dass Bildungserfahrungen und Freundschaftsbeziehungen in den frühesten Lebensjahren bis jetzt nicht Gegenstand der Resilienzforschung sind. Betrachtet man Bildungserfahrungen unter dem Aspekt des lebenslangen Lernens und der hohen Lernmotivation der Jüngsten und die Entwicklung ihrer Spiel- und Freundschaftsbeziehungen in der Tagesbetreuung im Krippenalter (Becker-Stoll et al, 2014, S. 78ff) als Übungsfeld sozialer Kompetenzen ist ein Zusammenhang mit der Resilienzentwicklung vorstellbar – allerdings unter der Voraussetzung, dass eine sehr gute Interaktionsqualität gegeben ist, denn die Resilienzforschung verweist ausdrücklich auf das Zusammenwirken von persönlichen Faktoren und Faktoren auf der Beziehungsebene. Auf der Beziehungsebene sind die Ressourcen innerhalb der Familie und im familialen Umfeld angesprochen. Empirische

Ergebnisse der Resilienzforschung (z. B. Werner & Smith, 2001) betonen die Bedeutung von sicheren Beziehungen. Kinder brauchen mindestens eine stabile positive Beziehung zu einer Bezugsperson, die die Bedürfnisse des Kindes wahrnimmt und angemessen darauf reagiert. Das muss kein biologischer Elternteil sein. Als wichtige Ressource kommt ein unterstützendes Netzwerk mit Verwandten, Freunden und Nachbarn hinzu. Als familienergänzende Einrichtung ist eine Kindertagesstätte dem familialen Umfeld zuzurechnen.

Besonders für Kinder aus psychosozialen Risikokonstellationen wird die Tagebetreuung häufig mit der Hoffnung verknüpft, dass KiTas Erfahrungsräume für potentiell positive, Gesundheit und Resilienz fördernde Beziehungs- und Sozialisationserfahrungen schaffen können. In der Tat sprechen Untersuchungen für die protektive Wirkung vorschulischer Bildungs-, Betreuungs- und Erziehungsangebote für Kinder aus »Risikokonstellationen« (Gawehn 2013, S. 364).

Nicht alleine das Wirken von pädagogischen Fachkräften durch frühkindliche Bildungsprozesse in einer KiTa ist ausschlaggebend, sondern die Lebensumwelt der Familie muss insgesamt gesehen werden (Mayr, 2000). Damit sind Ressourcen auf der kommunalen Ebene angesprochen. Hier kann eine KiTa z. B. durch eine Vernetzung mit Sozialdiensten zum Ausgangspunkt stützender bzw. entlastender Maßnahmen werden. Die Umgestaltung bzw. die Öffnung von Kindertageseinrichtungen hin zu Eltern-Kind-Zentren oder Familienzentren (Roth 2010, S. 170ff) entspricht Konzepten, die die Bedürfnisse von Familien in einem größeren Zusammenhang sehen.

Studien belegen, dass Merkmale der Familie einen stärkeren Einfluss auf die kindliche Entwicklung haben als die der KiTas. Unterstützung können Kinder auch indirekt erfahren, z. B. indem durch Familienbildung elterliche Kompetenzen gestärkt werden, die dann zur Verbesserung der familialen Interaktion durch einen autoritativen, demokratischen Erziehungsstil innerhalb der Familie führen (vgl. dazu auch Völkel, 2015, in dieser Buchreihe).

> **Anregung zur Reflexion**
> Übergänge (Transitionen) sind von der Resilienzforschung als Phasen erhöhter Vulnerabilität eingestuft worden, denn Übergänge sind Wandlungsprozesse, durch die Lebenszusammenhänge deutlich wahrnehmbar umstrukturiert werden. Gleichzeitig werden Transitionen Entwicklungsimpulse zugeschrieben. Per Definition sind gelungene Transitionen mit dem Erwerb neuer Kompetenzen verbunden.
> Tauschen Sie sich darüber aus, welche schützende Faktoren während eines Übergangs zur Stärkung des Kindes beitragen können.

8.4 Der nächste Übergang kommt bestimmt

Die fachliche und praktische Auseinandersetzung mit dem Gelingen von Transitionsprozessen als pädagogische Herausforderung stärkt die Transitionskompetenz der Fachkräfte. Jeder Bildungsabschnitt ist durch *zwei Übergänge* markiert. Der Blick auf den Anfang lenkt zwangläufig den Blick auf das Ende. Einmal sind die Fachkräfte diejenigen, die neue Kinder aufnehmen, um sie nach einem, durch das Bildungssystem definierten Zeitraum wieder »abzugeben«. Das deutsche, segmentierte Bildungssystem ist von Übergängen zwischen Familie und Bildungseinrichtungen bzw. zwischen den Bildungseinrichtungen gekennzeichnet. Dazu zählen die Übergänge von der Familie in die Krippe, von der Krippe in den Kindergarten (Jung, 2014; Niesel, 2013b), von der Familie in den Kindergarten, vom Kindergarten in die Grundschule, vom Kindergarten in den Hort, von der Grundschule in die Typen der weiterführenden Schule. Das IFP-Modell kann als Arbeitsinstrument dienen, wenn die spezifischen Anforderungen, wie z. B. beim Übergang von einer Kindertageseinrichtung in die Schule auf der individuellen Ebene, der Beziehungsebene und der Ebene der Lebensumwelten berücksichtigt. Da das Modell alle Beteiligten in den Blick nimmt, erweitert sich mit dem Abschied von der Kinderkrippe beim Übergang in den Kindergarten oder beim Abschied vom Kindergarten in die Schule der Kreis derjenigen, die zusammen wirken, um die Kolleginnen und Kollegen der aufnehmenden Bildungseinrichtung. Eine Kooperation zwischen den Fachkräften der abnehmenden und der aufnehmenden Einrichtung stellt den Anschluss der Bildungsprozesse sicher (vgl. zum Übergang KiTa – Grundschule ausführlich Band 5 dieser Buchreihe: Eckerth/Hanke 2015). Erfolgreiche Konzepte zur Übergangsgestaltung betonen regelmäßig die Bedeutung der aktiven Teilnahme der Kinder auf vielerlei Art und in unterschiedlichen Bereichen und knüpfen damit direkt an die psychologischen Grundbedürfnisse des Autonomieerlebens, des Kompetenzerlebens und des sozialen Eingebundenseins an und unterstützen so die Lernmotivation. Sie achten die Stärken der Kinder und sind darauf angelegt, diese weiter zu entwickeln.

Literatur

Ahnert, L. (2014). Bindungsbeziehungen außerhalb der Familie: Tagesbetreuung und Erzieherinnen-Kind-Bindung. In L. Ahnert (Hrsg.), *Frühe Bindung. Entstehung und Entwicklung* (S. 256–277) (3. Auflage). München: Reinhardt.

Ahnert, L. (2010). *Wieviel Mutter braucht ein Kind? Bindung – Bildung – Betreuung: öffentlich und privat.* Heidelberg: Spektrum.

Ahnert, L. & Gappa, M. (2010). Bindung und Beziehungsgestaltung in öffentlicher Kleinkindbetreuung – Auswirkungen auf die Frühe Bindung. In H. R. Leu & A. von Behr (Hrsg.), *Forschung und Praxis der Frühpädagogik* (S. 109 – 120). München: Reinhardt.

Ahnert, L., Pinquart, M. & Lamb, M. L. (2006). Security of children's relationships with nonparental care providers: A meta-analysis. *Child* Development, 3, 664–679.

Ainsworth, M.D.S. (1964/2003): Muster von Bindungsverhalten, die vom Kind in der Interaktion mit seiner Mutter gezeigt werden. In: K. E. Grossmann & K. Grossmann, K. (2003), *Bindung und menschliche Entwicklung. John Bowlby, Mary Ainsworth und die Grundlagen der Bindungstheorie* (S. 102–111). Stuttgart: Klett-Cotta.

Ainsworth, M., Blehar, M., Waters, E. & Wall, S. (1978). *Patterns of Attachment. A psychological study of the strange situation.* New York: Hillsdale.

Ariès, P. (2006). *Geschichte der Kindheit* (16. Auflage). München und Wien: Hanser.

Azun, S. (2013). Zusammenarbeit mit Eltern: Respekt für jedes Kind – Respekt für jede Familie. In *Handbuch Inklusion. Grundlagen vorurteilsbewusster Bildung und Erziehung* (S. 222–241). Freiburg/Br.: Herder.

Balaban, N. (2011). Transition to group care for infants, toddlers, and families. In D. M. Laverick & M. R. Jalongo (Hrsg.). *Transitions to early care and education* (S. 7–19). Dordrecht, Heidelberg, London, New York: Springer.

Bayerisches Staatsministerium für Arbeit und Sozialordnung, Familie und Frauen & Staatsinstitut für Frühpädagogik München (2007). *Der Bayerische Bildungs- und Erziehungsplan für Kinder in Tageseinrichtungen bis zur Einschulung* (2. Auflage). Berlin/Mannheim: Cornelsen Scriptor.

Literatur

Bayerisches Staatsministerium für Arbeit und Sozialordnung, Familie und Frauen & Staatsinstitut für Frühpädagogik (Hrsg.). (2010). *Bildung, Erziehung und Betreuung von Kindern in den ersten drei Lebensjahren. Handreichung zum Bayerischen Bildungs- und Erziehungsplan für Kinder in Tageseinrichtungen bis zur Einschulung.* Weimar und Berlin: verlag das netz.

Becker-Stoll, F. & Textor, M. R. (Hrsg.) (2007). *Die Erzieherin-Kind-Beziehung: Zentrum von Bildung und Erziehung.* Berlin, Düsseldorf & Mannheim: Cornelsen Scriptor.

Becker-Stoll, F., Niesel, R. & Wertfein, M. (2012). *Handbuch Kinder in den ersten drei Lebensjahren. Theorie und Praxis für die Tagesbetreuung* (4. Auflage). Freiburg im Breisgau: Herder.

Becker-Stoll, F., Niesel, R. & Wertfein, M. (2014). *Handbuch Kinderkrippe. So gelingt Qualität in der Tagesbetreuung.* Freiburg im Breisgau: Herder.

Beckh, K., Mayer, D., Berkic, J. & Becker-Stoll, F. (2014). Der Einfluss der Betreuungsqualität auf die sprachliche und sozial-emotionale Entwicklung von Kindern mit und ohne Migrationshintergrund. *Frühe Bildung,* 2, S. 73–81.

Beelmann, W. (2006). *Normative Übergänge im Kindesalter.* Hamburg: Dr. Kovač.

Beller, E. K. (2002). Eingewöhnung in die Krippe. Ein Modell zur Unterstützung der aktiven Auseinandersetzung aller Beteiligten mit Veränderungsstress. *Frühe Kindheit,* 2, 9–14.

Berger, M. (o. J.): Frauen in der Geschichte des Kindergartens; Friedrich Fröbel – Sein Lebensweg und sein erzieherisches Wirken; »Wie kann ich mit meinen Kräften meinem sozialistischen Vaterland dienen?« Ein Beitrag zur Geschichte des Kindergartens in der sowjetisch besetzten Zone Deutschlands und in der DDR (1945–1990); Der Kindergarten und die Nationalsozialisten – Auswirkungen der NS-Ideologie auf die öffentliche Kleinkindbetreuung in den Jahren 1933–1945. Alle Beiträge verfügbar auf www.kindergartenpädagogik.de. Zugriff am 1.6.2014.

Berger, M. (1986): *Vorschulerziehung im Nationalsozialismus.* Weinheim Basel: Beltz.

Berger, P. & Luckmann, T. (1966). *The social construction of reality.* New York: Doubleday.

Bertelsmann Stiftung (Hrsg.). *Von der Kita in die Schule. Handlungsempfehlungen an Politik, Träger und Einrichtungen.* Gütersloh: Bertelsmann.

BMBF s. Bundesministerium für Bildung und Forschung.

BMFSFJ s. Bundesministerium für Familie, Senioren, Frauen und Jugend.

Bogner, D. (2014): Erziehung wird Beziehung. Grundlagen menschlicher Entwicklung. (www.kindergartenpädagogik.de) Zugriff am 27.4.2014.

Booth, C. L., Kelly, J. F., Spieker, S. J. & Zuckerman, T. G. (2003). Toddlers' attachment security to childcare providers. The safe and secure scale. *Early Education & Development* 14, 83–100.

Booth, T., Ainscow, M & Kingston, D. (2006). Index für Inklusion. (Tageseinrichtungen für Kinder). Lernen, Partizipation und Spiel in der inklusiven Kindertageseinrichtung entwickeln. Deutschsprachige Ausgabe (herausgeben von der GEW) (http://www.eenet.org.uk/resources/docs/Index%20EY%20German2.pdf), Zugriff am 1.6.2014.

Bourdieu, P. (2005). *Was heißt Sprechen? Zur Ökonomie des sprachlichen Tausches* (2. Auflage). Wien: Braumüller.

Bowlby, J. (1983). Verlust. München: Kindler.

Brandes, H. (2010). Entwicklungspotenziale von Kindergruppen – Gruppenprozesse und ihre Förderung im Kindergarten. In E. Hammes-Di Bernardo & A. Speck-Hamdan (Hrsg.), *Kinder brauchen Kinder* (S. 16–24). Weimar Berlin: das netz.

Brandtstädter, J. (2007). Entwicklungspsychologie der Lebensspanne: Leitvorstellungen und paradigmatische Orientierungen. In J. Brandstädter & U. Lindenberger (Hrsg.), *Entwicklungspsychologie der Lebensspanne* (S. 34–66). Stuttgart: Kohlhammer.

Bretherton, I. (1992). The origins of attachment theory: John Bowlby and Mary Ainsworth. *Developmental Psychology* 28, 759–775.

Bronfenbrenner, U. (1989). *Die Ökologie der menschlichen Entwicklung.* Frankfurt/M: Fischer.

Brooker, L. (2008). Supporting transitions in the early years. Maidenhead: Open University Press.

Bruner, J. S. (1987). Life as narrative. *Social Research* 54(1), 11–32.

Bruner, J.S. (1990). *Acts of meaning.* Cambridge, Mass.: Harvard University Press.

Büker, P. (2015). Kinderstärken – Kinder stärken: Pädagogische, soziologische und psychologische Zugänge zu einer »Starken Idee«. In P. Büker (Hrsg.), Kinderstärken – Kinder stärken. Erziehung und Bildung ressourcenorientiert gestalten (S. 11–76). Stuttgart: Kohlhammer.

Bundesministerium für Bildung und Forschung (Hrsg.) (2005). *Auf den Anfang kommt es an. Perspektiven für eine Neuorientierung frühkindlicher Bildung* (S. 191–251). Berlin: BMBF.

Bundesministerium für Familie, Senioren, Frauen und Jugend (Hrsg.) (2003). *Auf den Anfang kommt es an! Perspektiven zur Weiterentwicklung des Systems der Tageseinrichtungen für Kinder in Deutschland.* Weinheim: Beltz.

Bundesministerium für Familie, Senioren, Frauen und Jugend (2005). 12. Kinder- und Jugendbericht. Bericht über die Lebenssituation junger Menschen und die Leistungen der Kinder- und Jugendhilfe in Deutschland. http://www.bmfsfj.de/doku/Publikationen/kjb/data/download/kjb_060228_ak3.pdf (zuletzt aufgerufen 28.07.2014).

Caspi, A. & Moffitt, T. E. (1993). When do individual differences matter? A paradoxical theory of personality coherence. *Psychological Inquiry* 4(4), 247–271.

Cowan, P. (1991). Individual and family life transitions: A proposal for a new definition. In P. Cowan, E. M. Hetherington (Hrsg.), *Family transitions: Advances in family research* (S. 3–30). Hillsdale NJ: Lawrence Erlbaum.

Cowan, C. P. & Cowan, P. (1992). *Wenn Partner Eltern werden.* München: Piper.

Cowan, C. P. & Cowan, P. (1999). Eltern werden: Was geschah mit mir? In Deutscher Familienverband (Hrsg.), *Handbuch Elternbildung.* Band 1 (S. 287–297). Opladen: Leske + Budrich.

Cowan, C.P., Cowan, P.A., Schulz, M.S. & Heming, B. (1994). Prebirth to preschool family factors in children's adaption to kindergarten. In R. Parke & S. Kellam (Hrsg.), *Exploring family relationships with other social contexts* (S. 75–114). Hillsdale NJ: Lawrence Erlbaum.

Cummings, E. (1980). Caregiver stability and daycare. *Developmental Psychology* 16, 31–37.

Dahlberg, G., Moss, P. & Pence, A. (1999). *Beyond quality in early childhood education and care.* London: Falmer Press.

Dalli, C. (2002). Constructing identities: Being a ›mother‹ and being a ›teacher‹ during the experience of starting childcare«. *European Early Childhood Education Research Journal* 10(2), 85–101.

Dalli, C. (2006). From home to daycare: Challenges for mothers, teachers and children. In: Fabian, H. & Dunlop, A.-W. (Hrsg.), *Transitions in the early years* (3. Auflage) (S. 38–51). London: RoutledgeFalmer.

Datler, W., Datler, M. & Hover-Reisner, N. (2010). Von den Eltern getrennt und doch nicht verloren – Annäherungen an das Alltagserleben von Krippenkindern unter dem Aspekt der Bildung (S. 83–93). In G. E. Schäfer, R. Staege & R. Meiners (Hrsg.), *Kinderwelten – Bildungswelten. Unterwegs zur Frühpädagogik.* Berlin: Cornelsen Scriptor.

Deci, E. L. & Ryan, R. M. (1995): Human autonomy: The basis for true self-esteem. In M. Kernis (Hrsg.) (1995). *Efficacy, agency, and self-esteem* (S.31–49). New York: Plenum.

Deci, E. L. & Ryan, R. M. (2002). *Handbook of self-determination research.* New York: The University of Rochester Press.

deMause, L. (1989): *Hört ihr die Kinder weinen: Eine psychogenetische Geschichte der Kindheit* (6. Auflage). Frankfurt/M.: Suhrkamp.

Deutsche Liga für das Kind (2008). Gute Qualität in Krippe und Kindertagespflege. Positionspapier der Deutschen Liga für das Kind.(http://liga-kind.de/downloads/krippe.pdf) Zugriff am 28.5.2014.

de Wollf, M. S. & van Ijzendoorn, M. H. (1997). Sensivity and attachment: A meta-analysis on parental antecedents of infant attachmend *child Development* 68, 571–591.

Dockett, S. & Perry, B. (2013). Trends and tensions: Australian and international research about starting school. *International Journal of Early Years Education* 21(2–3), 163–177.

Dornes, M. (2011). *Der kompetente Säugling* (13. Auflage). Frankfurt am Main: Suhrkamp.

Drieschner, E. (2011). Bindung und kognitive Entwicklung – ein Zusammenspiel. Ergebnisse der Bindungsforschung für eine frühpädagogische Beziehungsdidaktik. WiFF Expertise. München: Deutsches Jugendinstitut (Hrsg.) (www.weiterbildungsinitiative.de), Zugriff am 1.6.2014.

Dunlop, A.-W. (2007). Bridging research, policy and practice. In A.-W. Dunlop & H. Fabian (Hrsg.). Informing transitions in the early years (S. 152–168). Maidenhead, Berkshire: Open University Press.

Dunlop, A.-W. (2014). Thinking about transitions: One framework or many? Populating the theoretical model over time. In B. Perry, S. Dockett, & A. Petriwskyj (Hrsg.). *Transitions to school – international research, policy and practice* (S. 31–46. Dordrecht, NL: Springer.

Eckert, M. (1999). Elternbildung im Übergang zur Elternschaft: Das DFV-Modellprojekt »Wenn aus Partnern Eltern werden«. In Deutscher Familienverband (Hrsg.). *Handbuch Elternbildung. Band 1* (S. 69–93). Opladen: Leske + Budrich.

Eckerth, M. & Hanke, P. (2015). Übergänge ressourcenorientiert gestalten. Von der KiTa in die Grundschule (KinderStärken, Band 5). Stuttgart: Kohlhammer.

Elder, G.H., Jr. (1985). *Life course dynamics. Trajectories and transitions.* Ithaca: Cornell University Press.

Elfer, P., Goldschmied, E. & Selleck, D. Y. (2012). *Key persons in the early years* (2. Auflage). London, UK: David Fulton.

Elschenbroich, D. (2001). *Das Weltwissen der Siebenjährigen.* München: Kunstmann.

Engdahl, I. (2012). Doing friendship during the second year of life in Swedish preschool. *European Early Childhood Education Research Journal, 1,* 83–98.

Literatur

Erikson, E.H. (1959). *Identity and the life cycle.* New York: International University Press.

Faust, G., Kratzmann, J. & Wehner, F. (2012). Schuleintritt als Risiko für Schulanfänger? Zeitschrift für Pädagogische Psychologie 26(3), 197–212.

Filipp, H.-S. (1995). Ein allgemeines Modell für die Analyse kritischer Lebensereignisse. In H.-S. Filipp (Hrsg.). *Kritische Lebensereignisse* (3. Auflage) (S. 3–52). Weinheim: Beltz.

Fröhlich-Gildhoff, K. & Viernickel, S. (2010). Die Arbeit mit Kindern unter drei Jahren in akademischen und fachschulischen Ausbildungsgängen (S. 106–127). In: F. Becker-Stoll, J. Berkic & B. Kalicki (Hrsg.), *Bildungsqualität für Kinder in den ersten drei Jahren* (S. 106–127). Berlin: Cornelsen Scriptor.

Fröhlich-Gildhoff, K., Dörner, T. & Rönnau, M. (2007). *Prävention und Resilienzförderung in Kindertageseinrichtungen – PriK. Trainingsmanual für Erzieherinnen.* München: Ernst Reinhardt.

Fröhlich-Gildhoff, K., Rönnau, M. & Dörner, T. (2008). *Eltern stärken mit Kursen in Kitas. Handreichung für Erzieherinnen.* München: Ernst Reinhardt.

Fthenakis, W. E. (1985). *Väter. Band 1. Zur Psychologie der Vater-Kind-Beziehung; Väter. Band 2. Zur Vater-Kind-Beziehung in verschiedenen Familienstrukturen.* München: Urban & Schwarzenberg.

Fthenakis, W.E. (2006). Zur Neukonzeptualisierung von Bildung in der frühen Kindheit. In: W.E. Fthenakis (Hrsg.), *Elementarpädagogik nach PISA.* (5. Auflage) (S. 18–37). Freiburg/B.: Herder.

Fthenakis, W. E. & Minsel, B. (2002). *Die Rolle des Vaters in der Familie.* Stuttgart: Kohlhammer.

Fthenakis, W. E., Kalicki, B. & Peitz, G. (2002). *Paare werden Eltern. Die Ergebnisse der LBS-Studie.* Opladen: Leske + Budrich.

Fürstaller, M, Funder, A & Datler, W. (2011). *Wenn Tränen versiegen, doch Kummer bleibt.* http://liga-kind.de/fruehe/111_datler.php Zugriff am 16.6.2014.

Gawehn, N. (2013). Resilienzförderung in der Frühen Bildung – was Kinder aus psychosozialen Risikokonstellationen benötigen. *Sonderpädagogische Förderung heute* 58 (4), 358–369.

Glaser, B.G. & Strauss, A.L. (1971). *Status passage.* Chicago, Ill.: Aldine.

Gopnik, A., Kuhl, P. & Meltzoff, A. (2006). *Forschergeist in Windeln* (5. Auflage). München: Piper.

Griebel, W. (2008). Der Übergang zur Familie mit Kindergartenkind: Theorie und Empirie. In W. Thole, H.-G. Rossbach, M. Fölling-Albers & R. Tippelt (Hrsg.). *Bildung und Kindheit* (S. 241–251). Opladen: Barbara Budrich.

Griebel, W. & Niesel, R. (2004). *Transitionen. Fähigkeit von Kindern in Tageseinrichtungen fördern, Veränderungen erfolgreich zu bewältigen.* Weinheim: Beltz.

Griebel, W. & Niesel, R. (2006). Mit Veränderungen umgehen lernen – Transitionen in Partnerschaft bewältigen. In M. R. Textor (Hrsg.). *Erziehungs- und Bildungspartnerschaft mit Eltern* (S. 82–100). Freiburg/Br.: Herder.

Griebel, W. & Niesel, R. (2013). *Übergänge verstehen und begleiten. Transitionen in der Bildungslaufbahn von Kindern* (2. Auflage). Berlin: Cornelsen.

Griebel, W., Hartmann, R. & Thomsen, P. (2010). Gelingende Praxis der Eingewöhnung in die Kinderkrippe – auch für die Eltern. In F. Becker-Stoll, J. Berkic & B. Kalicki (Hrsg.). *Bildungsqualität für Kinder in den ersten drei Jahren* (S. 167–176). Berlin: Cornelsen Scriptor.

Griebel, W., Niesel, R. & Wustmann, C. (2009). Bewältigung von Transitionen und Förderung von Resilienz: Mit Risiken und Veränderungen als Familie umgehen lernen. In: G. Mertens, U. Frost, W. Böhm & V. Ladenthin: *Handbuch der Erziehungswissenschaft, Bd. III* (S. 461–472). Paderborn: Ferdinand Schöningh.

Griebel, W., Heinisch, R., Kieferle, C, Röbe, E. & Seifert, A. (Hrsg.) (2013). *Übergang in die Schule und Mehrsprachigkeit – Ein Curriculum für pädagogische Fach- und Lehrkräfte/Transition to School and Multilingualism – A Curriculum for Educational Professionals.* Hamburg: Dr. Kovač.

Griebel, W., Niesel, R., Reidelhuber, A. & Minsel, B. (2004). *Erweiterte Altersmischung in Kita und Schule. Grundlagen und Praxishilfen für Erzieherinnen, Lehrkräfte und Eltern.* München: Don Bosco.

Grossmann, K & Grossmann, K. E. (2012): *Bindung – das Gefüge psychischer Sicherheit.* Stuttgart: Klett-Cotta.

Gutknecht, D. (2012). *Bildung in der Kinderkrippe. Wege zur Professionellen Responsivität.* Stuttgart: Kohlhammer.

Haefele, B. & Wolf-Filsinger, M. (1994). *Aller Kindergarten-Anfang ist schwer.* (5. Auflage). München: Don Bosco.

Harms, T. Cryer, D. & Clifford, R.M (2006). *Infant/Toddler Environment Rating Scale.* New York: Teachers College Press.

Haug-Schnabel, G. & Bensel, J. (2006). *Kinder unter 3 – Bildung, Erziehung und Betreuung von Kleinstkindern.* Kindergarten heute spezial. Freiburg: Herder.

Hauser, B. (2013). *Spielen. Frühes Lernen in Familie, Krippe und Kindergarten.* Stuttgart: Kohlhammer.

Havighurst, R.J. (1976). *Developmental task and education* (4. Auflage). New York: McKay.

Hédervári-Heller, É. (2012), *Wie viel Öffnung vertragen Kinder unter drei? Eine Orientierung für Leiterinnen.* Kindergarten heute. Das Leitungsheft, 1, 4–9.

Hédervári-Heller, É. & Dreier, A. (2013). Ohne Bindung geht es nicht! (http://www.erzieherin.de/ohne-bindung-geht-es-nicht.php), Zugriff am 1.6.2014).

Howes, C. (2000). Social development, family, and attachment relationships of infants and toddlers. In D. Cryer & T. Harms (Hrsg.). *Infants and toddlers in out-of-home care* (S. 87–223). Baltimore: Paul H. Brooks.

Hüpping, B. & Büker, P. (2015). KinderStärken für das Aufwachsen in multikulturellen Lebenswelten. In Büker, P. (Hrsg.). *Kinderstärken – Kinder stärken. Erziehung und Bildung ressourcenorientiert gestalten* (KinderStärken, Band 1) (S. 145–155). Stuttgart: Kohlhammer.

Jung, E. (2014). *Auf unvertrauten Pfaden. Der Übergang von der Kinderkrippe in den Kindergarten aus der Sicht der pädagogoischen Fachkräfte.* Weinheim: Beltz.

Kasüschke, D. (2015): Kinderstärkende Pädagogik und Didaktik in der KiTa (KinderStärken, Band 4). Stuttgart: Kohlhammer.

Kegan, R. (1986). *Die Entwicklungsstufen des Selbst* (3. Auflage). München: Kindt.

Kellermann, I. (2008). *Vom Kind zum Schulkind.* Opladen: Budrich UniPress.

Kieferle, C. (2012). Frühsprachliche Bildung bei mehrsprachig aufwachsenden Kindern. In Ulrich, W. (Hrsg.). Deutschunterricht in Theorie und Praxis (DTP). Band I. H. Günther & R. Bindel (Hrsg.). *Deutsche Sprache in Kindergarten und Vorschule* (S. 342–354). Baltmannsweiler: Schneider Verlag Hohengehren.

Kieferle, C. & Griebel, W. (2013). Übergänge und Mehrsprachigkeit – Das Comenius-Projekt TRAM. In Kieferle, C., Reichert-Garschhammer, E. & Becker-Stoll, F. (Hrsg.) *Sprachliche Bildung von Anfang an* (S. 147–157). Göttingen: Vandenhoeck & Ruprecht.

Kienig, A. (1998). Developmental disharmonies and adaptation of child to pre-school setting. *International Journal of Early Years Education* 6 (2), 143–153.

Kienig, A. (2006). The importance of social adjustment for future success. In H. Fabian & A.-W. Dunlop (Hrsg.), *Transitions in the early years* (S. 23–37). London: RoutledgeFalmer.

Krapp, A. (2005). Das Konzept der grundlegenden psychischen Bedürfnisse. *Zeitschrift für Pädagogik*, 5, 626–641.

Ladd, G. W. & Price, J. M. (1987). Predicting children's social and school adjustment following the transition from pre-school to kindergarten. *Child Development* 58(5), 1168–1189.

Laewen, H.-J. (1989). Zur außerfamiliären Tagesbetreuung von Kindern unter drei Jahren. Stand der Forschung und notwendige Konsequenzen. *Zeitschrift für Pädagogik*, 6, 889–888.

Laewen, H.-J., Andres, B. & Hédervári-Heller, È. (2012). *Ohne Eltern geht es nicht: Die Eingewöhnung von Kindern in Krippen und Tagespflegestellen* (6. Auflage). Berlin: Cornelsen.

Laewen, H.-J., Andres, B. & Hédervári-Heller, E. (2013). *Die ersten Tage. Ein Modell zur Eingewöhnung in Krippe und Tagespflege* (8. Auflage). Berlin: Cornelsen Schulverlage.

Landeshauptstadt München Sozialreferat (Hrsg.)(2000). *Pädagogische Rahmenkonzeption für Kooperationseinrichtungen. Fortschreibung für den Zeitraum 1997 bis Juni 1999. Arbeitsfelder – Erfahrungen – Zielsetzungen.*

Landeshauptstadt München Sozialreferat (Hrsg.) (2008). Die pädagogische Rahmenkonzeption für Kinderkrippen der Landeshauptstadt München (3. Auflage) (http://www.muenchen.de/rathaus/Stadtverwaltung/Referat-fuer-Bildung-und-Sport/Kindertageseinrichtungen/kita-paedagogik.html), Zugriff am 1.6.2014.

Lazarus, R.S. (1995). Stress und Stressbewältigung – ein Paradigma. In H.-S. Filipp (Hrsg.), *Kritische Lebensereignisse* (3. Auflage) (S. 198–232). Weinheim: Beltz.

Lerner, J. V. (1984). The importance of temperament for psychosocial functioning: Test of a goodness-of-fit-model. *Merrill-Palmer Quarterly* 30(2), 177–188.

Liegle, L. (2013). *Frühpädagogik. Erziehung und Bildung kleiner Kinder. Ein dialogischer Ansatz*. Stuttgart: Kohlhammer.

Lohaus, A., Klein-Heßling, J. & Shebar, S. (1997). Stress management for elementary school children: A comparative evaluation of different approaches. *European Review of Applied Psychology* 47, 157–16.

Luthar, S. S. & Cicchetti, D. (2000). The construct of resilience. *Development and Psychopathology* 12, 857–885.

Margetts, K. (2009). Early transition and children's adjustment after six years of schooling. *Journal of European Early Childhood Education Research* 17 (3), 309–324.

Mayr, T. (2000). Entwicklungsrisiken bei armen und sozial benachteiligten Kindern und die Wirksamkeit früher Hilfen (S. 142–163). In H. Weiß (Hrsg.), *Frühförderung mit Kindern und Familien in Armutslagen*. München/Basel: Reinhardt.

Mayr, T. & Ulich, M. (2006). Die Engagiertheit von Kindern. Zur systematischen Reflexion von Bildungsprozessen. In: W. E. Fthenakis (Hrsg.): *Elementarpädagogik nach PISA. Wie aus Kindertageseinrichtungen Bildungseinrichtungen werden können* (5. Auflage) (S. 169–189). Freiburg: Herder.

Mayr, T. & Ulich, M. (2006). Zuversichtlich, hilfsbereit und wissbegierig. PERIK – der Beobachtungsbogen zur sozial-emotionalen Kompetenz. *Kindergarten heute*, 6–7, 27–31. PERIK-Bogen und Begleitheft sind im Herder Verlag erschienen.

Mayr, T & Ulich, M. (2007). perik – Positive Entwicklung und Resilienz im Kindergartenalltag. Freiburg im Breisgau: Herder. http://www.ifp.bayern.de/imperia/md/content/stmas/ifp/sprachberater_perik.pdf (Zugriff am 10.6.2014).

Mobley, C. E. & Pullis, M. E. (1991). Temperament and behavior adjustment in preschool children. *Early Childhood Research Quarterly* 6, 577–586.

Musolff, H.-U. & Hellekamp, S. (2006). *Geschichte des pädagogischen Denkens*. München: Oldenbourg Wissenschaftsverlag.

NICHD Early Child Care Research Network (2006). The NICHD study of early child care and youth development. Findings for children up to 4 1/2 years. (www.nichd.nih.gov/publications/pubs/documents/seccyd_06.pdf), Zugriff am 1.6.2014.

Nied, F., Niesel, R., Haug-Schnabel, G., Wertfein, M. & Bensel, J. (2011). Kinder in den ersten drei Lebensjahren in altersgemischten Gruppen. Anforderungen an frühpädagogische Fachkräfte. WiFF-Expertise verfügbar unter www.weiterbildungsinitiative.de Zugriff am 1.6.2014.

Niesel, R. (2008). Kinder sind niemals geschlechtsneutral. Die Kita als Erfahrungsraum des sozialen Geschlechts. *Theorie und Praxis der Sozialpädagogik (TPS)*, 2, 12–14.

Niesel, R. (2009). Endlich ein Schulkind? Identitätsentwicklung und Migration am Beginn der Bildungsbiographie (S. 75– 88). In H. Knauf (Hrsg.), *Frühe Kindheit gestalten. Perspektiven zeitgemäßer Elementarbildung.* Stuttgart: Kohlhammer.

Niesel, R. (2010). Sich zugehörig fühlen. Der Übergang in die Kita von Kindern und Eltern mit Zuwanderungsgeschichte. *Theorie und Praxis der Sozialpädagogik* (3), 11–13.

Niesel, R. (2013a). Anregungen zur Genderpädagogik – Konflikte nicht ausgeschlossen. *KiTa aktuell spezial*, 05, 26–28.

Niesel, R. (2013b). Von Vertrautem und Neuem. Der Übergang von der Kinderkrippe in den Kindergarten. *klein & groß*, 6, 16–19.

Niesel, R. (2014). Den Abschied gestalten. Beziehungen zwischen Kindern und Tageseltern sind Beziehungen auf Zeit. *ZeT Zeitschrift für Tageseltern*, 2, 6–7.

Niesel, R. & Griebel, W. (2000). *Start in den Kindergarten*. München: Don Bosco.

Niesel, R. & Wertfein, M. (2010). Kinder unter drei Jahren im Kindergarten. Die erweiterte Altersmischung als Qualitätsgewinn für alle. Bayerisches Staatsministerium für Arbeit und Sozialordnung, Familie und Frauen (Hrsg.). http://www.bestellen.bayern.de/shoplink/10010264.htm Zugriff am 1.6.2014.

Niesel, R., Griebel, W., Kunze, H.-R. & Oberndorfer, R. (2012). Wandel der Perspektive auf Elterntrennung und Scheidung und Konsequenzen für Eltern und Kinder. In: Kalicki, B., Wehrmann, I. & Wüst, J. (Hrsg.). *Familien- und Bildungspolitik im Wandel* (S. 25–33). Weimar: das netz.

O'Connor, A. (2013). *Understanding transitions in the early years- Supporting change through attachment and resilience*. London New York: Routledge.

Olbrich, E. (1995). Normative Übergänge im menschlichen Lebenslauf: Entwicklungskrisen oder Herausforderungen. In S.-H. Filipp (Hrsg.), *Kritische Lebensereignisse* (3. Auflage) (S. 123–138). Weinheim: Beltz.

Opp, G., Fingerle, M. & Freytag, A. (1999). Erziehug zwischen Risiko und Resilienz: Neue Perspektiven für die heilpädagogische Forschung und Praxis. In G. Opp, M. Fingerle & A. Freytag (Hrsg.), *Was Kinder stärkt* (S. 9–21). München: Ernst Reinhardt.

Page, J. & Elfer, P. (2013). The emotional complexity of attachment interactions in nursery. *European Early Childhood Education Research Journal*, 4, 553–567.

Parkes, C.M. (1971). Psycho-social transitions: a field for study. *Social Science and Medicine* 5(2), 101–115.

Peitz, G. (2004). Wenn bei Kindern Verhaltensauffälligkeiten diagnostiziert werden: Risiken für die Erziehungspartnerschaft von Familie und Kindergarten. *Psychologie in Erziehung und Unterricht*, 51, 258–272.

Peukert, U. (1981). Aus der Familie in den Kindergarten. Der Übergang – eine Entwicklungsaufgabe für Kind und Familie. *Welt des Kindes* 59, 179–187.

Prokop, E. (2012). Kinder nutzen Räume anders. In G. Haug-Schnabel & I. Wehrmann (Hrsg.), *Raum braucht das Kind*. Berlin (S. 187–195). Weimar: verlag das netz.

Reichert-Garschhammer, E. & Kieferle, C. (Hrsg.) (2011). Sprachliche Bildung in Kindertagesstätten. Freiburg/Br.: Herder.

Literatur

Röhner, Ch. & König, K. (2015): KinderStärken im Kontext von Mehrsprachigkeit. In P. Büker (Hrsg.), *Kinderstärken – Kinder stärken. Erziehung und Bildung ressourcenorientiert gestalten* (KinderStärken, Band 1) (S. 156–165). Stuttgart: Kohlhammer.

Rogoff, B. (2003). *The cultural nature of child development.* Oxford: Oxford University Press.

Rohrmann, T. (2010). Die Entdeckung des Geschlechts – Gender in der Frühpädagogik. In H. R. Leu & A. von Behr (Hrsg). *Forschung und Praxis der Frühpädagogik. Profiwissen für die Arbeit mit Kindern von 0–3 Jahren* (S. 92–108). München: Reinhardt.

Rohrmann, T. (2013). Geschlechtsbewusste Pädagogik – eine Gratwanderung. In P. Wagner (Hrsg.). *Handbuch Inklusion. Grundlagen vorurteilsbewusster Bildung und Erziehung* (S. 93–106). Freiburg im Breisgau: Herder.

Roth, X. (2010). *Handbuch Bildungs- und Erziehungspartnerschaft.* Freiburg im Breisgau: Herder.

Rousseau, J.-J. (1762). Émile ou de l'education. Deutsch: Emile oder über die Erziehung. (http://gutenberg.spiegel.de/), Zugriff am 27.5.2014.

Ryan, R. M., Deci, E. L., Grolnick, W. S. (1995). Autonomy, relatedness and the self: Their relation to development and psychopathology. In: Cicchetti, D. & D. J.Cohen (Hrsg.) (1995). *Development and psychopathology, Vol. 1: Theory and methods* (S. 618–655). Oxford, England: John Wiley and Sons.

Schäfer, G. (2008). Bildung in der frühen Kindheit. In W. Thole, H.-G. Roßbach, M. Fölling-Alers & R. Tippelt (Hrsg.). *Bildung und Kindheit. Pädagogik der Frühen Kindheit in Wissenschaft und Lehre* (S. 125–140). Opladen: Barbara Budrich.

Seehausen, H. (2012). Lebenswelt von Familien erkunden und elterliche Bedarfe umsetzen. In: Hess, S. (Hrsg.), *Grundwissen Zusammenarbeit mit Eltern in Kindertageseinrichtungen und Familienzentren* (S. 108–120). Berlin: Cornelsen Scriptor.

Siegler, R., DeLoache, J. & Eisenberg, N. (2005). *Entwicklungspsychologie des Kindes- und Jugendalters.* Heidelberg: Spektrum Akademischer Verlag.

Singer, E. & de Haan, D. (2007). *Social life of young children.* Amsterdam: B. V. Uitgeverij SWP.

Sodian, B. (2008). Entwicklung begrifflichen Wissens. In: R. Oerter & L. Montada (Hrsg.). *Entwicklungspsychologie* (S. 443–468) (6., vollständig überarbeitete Auflage). Weinheim und Basel: Psychologie VerlagsUnion.

Sodian, B., Kristen, S. & Koerber, S. (2010). Früh erobertes Weltwissen – Sozial-kognitive Kompetenzen in frühester Kindheit: Was folgt aus der neueren Bildungsforschung für die Bildungsarbeit. In H. R. Leu & A. von

Behr (Hg). *Forschung und Praxis der Frühpädagogik. Profiwissen für die Arbeit mit Kindern von 0–3 Jahren* (S. 39–45). München: Reinhardt.

StMAS & IFP s. Bayerisches Staatsministerium.

Strauss, A. (1974). *Spiegel und Masken. Die Suche nach Identität.* Frankfurt/ M.: Suhrkamp.

Süß, G. J. (1987). *Auswirkungen frühkindlicher Bindungserfahrungen auf die Kompetenz im Kindergarten.* Dissertation Universität Regensburg.

Suess, G J. (2011). Missverständnisse über Bindungstheorie. WiFF Expertise. München: Deutsches Jugendinstitut (Hrsg.) (www.weiterbildungsinitiative. de), Zugriff am 1.6.2014.

Suess, G. & Burat-Hiemer, E. (2009). *Erziehung in Krippe, Kindergarten, Kinderzimmer.* Stuttgart: Klett-Cotta.

Taylor, A. R. (1991). Social competence and the early school transition. *Education and Urban Society* 24(1), 15–26.

Thomas, A. & Chess, S. (1977). Temperament and the concept of goodness of fit. In J. Strelau & A. Angeleitner (Hrsg.). *Explorations in temperament* (S. 15–28). New York: Plenum Press.

Tietze, W. & Viernickel, S. (Hrsg.) (2007). *Pädagogische Qualität in Tageseinrichtungen für Kinder. Ein nationaler Kriterienkatalog* (4. Auflage). Weinheim und Basel: Beltz.

Tietze, W., Bolz, M., Grenner, K., Schlecht, D. & Wellner, B. (2007). *Krippen-Skala. Revidierte Fassung (KRIPS-R). Feststellung und Unterstützung pädagogischer Qualität in Krippen.* Berlin: Cornelsen Scriptor.

Tietze, W., Becker-Stoll, F., Bensel, J., Eckhardt, A. G., Haug-Schnabel, G., Kalicki, B., Keller, H. & Leyendecker, B. (Hrsg.). (2013). *Nationale Untersuchung zur Bildung, Betreuung und Erziehung in der frühen Kindheit (NUBBEK).* Weimar Berlin: das netz. (siehe auch www.nubbek.de).

Tomasello, M. (2009). *Die Ursprünge der menschlichen Kommunikation.* Frankfurt am Main: Suhrkamp.

Valsiner, J. (1994). Culture and human development: A co-constructionist perspective. *Annals of Theoretical Psychology* 10, 247–298.

van Gennep, A. (1986). *Übergangsriten.* Frankfurt: Campus.

Vermeer, H.J. & van IJzendoorn, M. H. (2006). Children's elevates cortisol levels at daycare: A review and meta-analysis. *Early Childhood Research Quarterly,* 21, 390–401.

Vicedo, M. (2013). *The nature and nurture of love. From imprinting to attachment in Cold War America.* Chicago London: The University of Chicago Press.

Viernickel, S. & Lee, H.-J. (2004). Beginn der Kindergartenzeit. In Schumacher, E. (Hrsg.). *Übergänge in Bildung und Ausbildung* (S. 69–98). Bad Heilbrunn: Klinckhardt.

Völkel, P. (2015). Entwicklung, Lernen und Förderung der Jüngsten (Kinder-Stärken, Band 2). Stuttgart: Kohlhammer.

Wagner, P. (Hrsg.) (2013a). *Handbuch Inklusion. Grundlagen vorurteilsbewusster Bildung und Erziehung*. Freiburg/Br.: Herder.

Wagner, P. (2013b). Vielfalt respektieren, Ausgrenzung widerstehen – aber wie kann man das lernen? In P. Wagner (Hrsg.) *Handbuch Inklusion. Grundlagen vorurteilsbewusster Bildung und Erziehung* (S. 241–257). Freiburg/Br. Herder.

Warneken, F. (2010). Die Grundlagen prosozialen Verhaltens in der frühen Kindheit. In H.R. Leu & A. von Behr (Hrsg.). *Forschung und Praxis der Frühpädagogik* (S. 73–91). München: Reinhardt.

Watamura, S. E, Donzella, B., Alwin, J. & Gunnar, M. R. (2003). A secure base from which to explore close relationships. *Child Development*, 1, 684–689.

Werner, E. E. & Smith, R. R. (2001). *Journeys from childhood to midlife. Risk, resilience, and recovery*. Ithaca: Cornell University Press.

Wertfein, M., Müller, K. & Danay, E. (2013): Die Bedeutung des Teams für die Interaktionsqualität in Kinderkrippen. *Frühe Bildung*, 1, 20–27.

Wertfein, M., Müller, K. & Kofler, A. (2012). Kleine Kinder – großer Anspruch! 2010. Zweite IFP-Krippenstudie in Tageseinrichtungen für Kinder unter drei Jahren (http://www.ifp.bayern.de/imperia/md/content/stmas/ifp/projektbericht_nr18.pdf), Zugriff am 1.6.2014.

Wertfein, M. & Spies-Kofler, A. (2008). Kleine Kinder – großer Anspruch! Studie zur Implementation des BayBEP und zur Qualitätssicherung in Kinderkrippen. (http://www.ifp.bayern.de/imperia/md/content/stmas/ifp/qualitaetinkrippen.pdf), Zugriff am 1.6.2014.

Whipple, N., Bernier, A. & Mageau, G. A. (2010). Broadening the study of infant security of attachment: Maternal autonomy-support in the context of infant exploration. *Social Development*, 1, 17–32.

Winner, A. (2010). Zwei Eingewöhnungsmodelle im Vergleich. *KiTa aktuell BY*, 6, 129–131.

Winner, A. (2013). Alles Bindung – oder was? Zu Risiken und Nebenwirkungen eines Modebegriffs. (http://www.erzieherin.de/alles-bindung-oder-was.php), Zugriff am 1.6.2014.

Winner, A. & Erndt-Doll, E. (2009). *Anfang gut? Alles besser! Ein Modell für die Eingewöhnung in Kinderkrippen und andere Tageseinrichtungen für Kleinkinder*. Weimar Berlin: das netz.

Wolfram, W. W. (1997). Dreijährige im Kindergarten. *Kita aktuell* 7(9), 157–160.

Wustmann, C. (2009): Resilienz. Widerstandsfähigkeit von Kindern in Tageseinrichtungen fördern (3. Auflage). Berlin: Cornelsen Scriptor.

Wustmann, C. (2010). Bildungs- und Resilienzförderung im Frühbereich. Stärken entdecken und entwickeln. *KiTa NRW*, 9, 172–174.

Wustmann, C. (2011). Resilienz in der Frühpädagogik – verlässliche Beziehungen, Selbstwirksamkeit erfahren. In M. Zander (Hrsg.), *Handbuch Resilienzförderung* (S. 350–359). Wiesbaden: VS Verlag.

Wygotski, L. S. (1971). *Denken und Sprechen.* Frankfurt/M.: S. Fischer.

Wygotski, L. S. (1987). *Ausgewählte Schriften Band 2: Arbeiten zu psychischen Entwicklung der Persönlichkeit.* Köln: Pahl-Rugenstein.

Zentner, M. R. (1998). *Die Wiederentdeckung des Temperaments.* Frankfurt: S. Fischer.

Zentner, M. R. (2008) Der Einfluss des Temperamentes auf das Bindungsverhalten. In L. Ähnert (Hrsg.). *Frühe Bindung* (2. Auflage) (S. 175–197). München; Reinhardt.

Zweyer, K. & Gloger-Tippelt, G. (2003). Beschreibung der »Studie zum Eintritt in den Kindergarten« und der Ergebnisse. Düsseldorf: MS.

Petra Büker (Hrsg.)
Kinderstärken – Kinder stärken Erziehung und Bildung ressourcenorientiert gestalten

2015. 180 Seiten
Kart. € 29,99
ISBN 978-3-17-025240-0

KinderStärken, Band 1

Dieser Auftaktband zur Reihe bietet zunächst eine interdisziplinäre theoretische Fundierung des Paradigmas des kompetenten Kindes. Neun weitere Beiträge vertiefen den Ansatz einer ressourcenorientierten Pädagogik in Familie, KiTa und Grundschule in Form fokussierter Problemaufrisse. Auf diese Weise liefert dieser Band komprimiertes, fundiertes Fachwissen über Bedürfnisse von Kindern unter 10 und daraus resultierender Ansprüche für professionelle Bildungsbegleitung.

Prof. Dr. Petra Büker lehrt und forscht im Arbeitsbereich Grundschulpädagogik und Frühe Bildung am Institut für Erziehungswissenschaft an der Universität Paderborn.

Leseproben und weitere Informationen unter www.kohlhammer.de

Petra Völkel

Entwicklung, Lernen und Förderung der Jüngsten

2015. 132 Seiten
Kart. € 22,99
ISBN 978-3-17-024303-3

KinderStärken, Band 2

Dieser Band widmet sich der Entwicklung, dem Lernen und der Förderung der Jüngsten. Er zeigt aus entwicklungspsychologischer Perspektive die immensen Selbstbildungspotenziale auf, welche in der biologischen Ausstattung des jungen Kindes enthalten sind. Gleichzeitig geht es um die Frage der Passung von Lern- und Entwicklungsumwelten: Wie können kindliche Bedürfnisse nach sicherer Bindung, Peerinterkation und Spiel auf anregende, nicht überfordernde Weise sichergestellt werden? Der Band richtet sich an Interessierte aus Wissenschaft und Praxis sowie an Eltern.

Professor Dr. Petra Völkel forscht und lehrt an der Evangelischen Hochschule Berlin mit den Schwerpunkten Grundlagen der Entwicklungspsychologie/Klinischen Psychologie und Elementarpädagogik

Leseproben und weitere Informationen unter www.kohlhammer.de

W. Kohlhammer GmbH
70549 Stuttgart

Dorothee Gutknecht

Bildung in der Kinderkrippe

Wege zur professionellen Responsivität

2. Auflage 2015
192 Seiten. Kart.
€ 29,99
ISBN 978-3-17-028460-9

Entwicklung und Bildung in der Frühen Kindheit

Was muss eine Krippenfachperson wissen, um eine qualitativ hochwertige Bildungsarbeit in der Kinderkrippe oder KiTa umzusetzen? Und wie lässt sich dieses Können gezielt aufbauen? Das Lehrbuch liefert auf diese Fragen Antworten. Im Mittelpunkt steht der Hauptwirkfaktor in der pädagogischen Arbeit mit kleinen Kindern: Die Responsivität der Fachpersonen, ihr auf das Kind – aber auch auf Eltern und Familien – abgestimmtes Antwortverhalten. Es wird dargestellt, wie responsive Krippenpädagogik konkret aussieht beim Aufbau von Selbstpflegekompetenzen beim Wickeln und Füttern, in den frühen Dialogen oder bei herausfordernden Verhaltensweisen. Thematisiert werden zudem die responsive Arbeit mit Kindern mit Behinderung sowie die Möglichkeiten, eine kulturelle Responsivität zu entwickeln.

Prof. Dr. Dorothee Gutknecht lehrt an der Evangelischen Hochschule Freiburg mit dem Schwerpunkt „Pädagogik der Frühen Kindheit".

Leseproben und weitere Informationen unter www.kohlhammer.de